U0637535

[美]李侃如(Kenneth G. Lieberthal) 著

[加拿大]鲍达明(Dominic Barton) 作序

应对中国挑战

MANAGING THE CHINA CHALLENGE

企业如何在中国获得成功

How to Achieve Corporate Success in the People's Republic

魏星 等译

赵梅 周晟茹 审校

中国社会科学出版社

图字　01 - 2012 - 4488

图书在版编目(CIP)数据

应对中国挑战 ／ [美]李侃如著；魏星等译 . —北京：中国社会科学
出版社，2014.10

书名原文：Managing the China challenge

ISBN 978 - 7 - 5161 - 4262 - 2

Ⅰ.①应⋯　Ⅱ.①李⋯②魏⋯　Ⅲ.①跨国公司 - 企业管理 - 研究 - 中国
Ⅳ.①F279.247

中国版本图书馆 CIP 数据核字(2014)第 090983 号

出 版 人　赵剑英
责任编辑　任　明　夏　侠
责任校对　侯韶华
责任印制　李　建

出　　　版　中国社会科学出版社
社　　　址　北京鼓楼西大街甲 158 号 (邮编 100720)
网　　　址　http：//www.csspw.cn
　　　　　　中文域名：中国社科网　　010 - 64070619
发 行 部　010 - 84083685
门 市 部　010 - 84029450
经　　　销　新华书店及其他书店

印刷装订　北京市兴怀印刷厂
版　　　次　2014 年 10 月第 1 版
印　　　次　2014 年 10 月第 1 次印刷

开　　　本　710×1000　1/16
印　　　张　10
插　　　页　2
字　　　数　128 千字
定　　　价　38.00 元

凡购买中国社会科学出版社图书，如有质量问题请与本社联系调换
电话：010 - 64009791
版权所有　侵权必究

目　　录

中文版序言 ……………………………………………（1）

序言 ………………………………………… 鲍达明（1）

前言 ……………………………………………………（1）

致谢 ……………………………………………………（1）

第一章　中国向何处去 ………………………………（1）

　　一　历史教训 …………………………………（4）

　　二　新方法 ……………………………………（9）

第二章　增长的动力与阻力 …………………………（13）

　　一　增长的主要动力 …………………………（15）

　　二　持续快速增长的主要障碍 ………………（28）

　　三　外部障碍 …………………………………（48）

　　四　结论 ………………………………………（53）

第三章　经营环境 ……………………………………（55）

　　一　权力路径 …………………………………（57）

　　二　解读党政决议 ……………………………（63）

第四章　跨国公司战略的必要调整 …………………（67）

　　一　定位公司在中国的战略 …………………（69）

　　二　与政府的关系 ……………………………（73）

三　消费品的开发 ……………………………………（76）

四　人力资源 …………………………………………（81）

五　区位战略 …………………………………………（84）

六　市场营销 …………………………………………（85）

七　结论 ………………………………………………（88）

第五章　风险管理 ……………………………………（91）

一　政治风险 …………………………………………（93）

二　声誉风险 ………………………………………（103）

三　道德风险 ………………………………………（107）

四　网络风险 ………………………………………（112）

五　环境风险 ………………………………………（116）

六　公司治理风险 …………………………………（120）

第六章　展望未来 …………………………………（123）

主要参考文献 ………………………………………（128）

出版后记 ……………………………………………（145）

中文版序言

自 1978 年十一届三中全会召开以来，改革开放一直是中国的一项基本国策。在过去三十多年中，它为中国经济的迅速发展和取得一系列辉煌成就立下了汗马功劳。实施对外开放战略，促使境外跨国公司向中国提供产品、资金、技术、管理技能和进入国际市场的"通行证"，促进了中国的经济发展。

尽管目前在中国的各行各业中都有外资企业活跃的身影，但对于很多跨国公司的高层管理人员而言，中国仍然是一个充满神秘色彩的国度。他们很难了解中国政府的决策，尽管政府决策在他们的商务活动中起了非常重要的作用。对他们而言，中国政府往往就像一个"黑箱"。由于无法得知决策权握在谁手、政策如何制定，也不知道政府官员决策的动机，他们倍感不安。

多年以来，我一直认为，加深对中国行为方式的了解有助于提升其他国家与中国的合作水平，实现互利互惠。在我整个的学术生涯中，许多研究和著作都体现了这一基本理念。

本书是为那些在中国从事商务活动或计划前往中国开展业务的跨国公司高层管理人员所写的。本书的第一部分试图为西方企业的高管们提供一些基本信息，帮助他们了解中国的政治经济状况（即政府施政与经济运行之间的关系）。在此基础上，本书的其余部分讨论了一些西方企业策略中有代表性的问题，并提出了合理的建议。

因此，本书的受众是西方跨国公司的高层管理人员。然而，一些中国读者可能同样会对这本极具可操作性和实用性的书产生兴趣，从中可以看到我为跨国公司制定中国战略提供了哪些具体操作性的意见和建议。我希望中国读者能通过本书加深对西方企业高管制订公司战略的了解，并看到在一些特定的领域，中国的政治经济体制对西方跨国公司进入中国带来的挑战。

本书脱胎于我多年来在密歇根大学罗斯商学院开设的一门课程。许多修过这门课的学生后来都曾到中国工作，他们长期以来一直与我保持联系。他们告诉我，这门课对他们了解如何在中国高效开展商务活动是多么地重要。因此，我决定写一本书，为更多的商界人士提供帮助。

感谢中国社会科学出版社出版此书，感谢清华大学的魏星博士翻译本书。我还要感谢中国社会科学院美国研究所赵梅博士为本书中文版的出版提供帮助。

李侃如

2014 年 5 月

序　言

　　中国显然已使自己成为世界新的经济中心。在接近两位数的国内生产总值（GDP）增长率下，中国已成为全球越来越多产业的关键影响因素。已不再可以说中国只是向世界出口廉价成品和"中国价格"的来源地；很多中国领先的商业已在本土市场的需求带动下提升其在产业链中的位置，对全球传统领先者形成挑战。事实上，中国生机勃勃的国内需求已经成为其最大的吸引力之一。此外，中国每年毕业的成千上万工程师使中国不仅是世界最大的资本来源，也是最大的人才来源。综合这些投入，包括国内需求、出口能力、资本和人才，在政府有效的介入下，将成为21世纪潜在的最有力的宏观经济动力。

　　当然，中国的经济发展将继续有起有落。不管统计数字表面上看起来如何，中国并没有铲除经济波动，实际上还有日益增长的挑战需要克服。在短期内，中国领导人面临着使通货膨胀回到可接受的水平，以及使大型国有银行从2009年的过度放贷中恢复的挑战。长期来看，为实现经济的持续增长，必须解决诸如社会整合、环境破坏、人口老龄化、改善与地区及世界上其他国家的关系等问题。

　　在这种大环境下，国际公司所面临的机遇将是巨大的，而这不仅仅是对世界500强企业而言。展望未来，越来越多中等规模、过去仅关注国内市场的企业将发现它们越来越紧密地与中国发生联系。中国将不再只是制成品产地，而且也将是设计、研发和销售的来源地和目的地，很多国际企业将视中国为它们的"第二故乡"。不仅制造业企业，国际服务类企业也开始在中国运营。中国的国外直接投资从未如此巨大及多样。企业家会发现自己的工作通过功能性职责、业务部门或区域性领导职能，越来越多地与中国发生联系。很难想象未来的首席执行官们的简历中没有与中国相关的内容。

相较每一项国际企业在中国的成功，更多的是失望。有一些是其雄心在项目执行之初就错位了。例如，与在其他大规模经济体里一样，试图在中国通过击败国家冠军企业而成为本地市场的领导者是非常不现实的。还有很多失望是由执行上的错误造成的。任何新进入中国市场的企业，或已经进入中国市场但希望拓展新的经营领域的企业，必须充分了解和学习其他企业的经验。同样重要的是，企业家、高管或商学院的新毕业生来到中国时必须认识到，他们的中国同行们期待他们从第一天起就清楚如何在中国做生意。

李侃如的这本书简明分析了在中国做赚钱的生意将面临的挑战、推荐的路线图，以及国际企业家需要提出的重要问题。基于他多年的学术研究，以及为政治家及商业领导人建言的经验，李侃如对中国政商关系有着独到的见解。他详细指出了政治家与企业家是如何相互依赖的，在哪些地方会产生内部紧张关系，以及国际企业如何在这种情形下运营。

李侃如也打破了一种迷思，即只要在中方获取一位核心人物的支持，其上下左右的人员都将和这个国际企业站在一起。在中国的各级政治和商业体系中，监督与平衡并举，很大程度上形成了以共识为基础的决策方式。李侃如通过勾画出中国企业领导者的职业晋升途径及中国共产党在职业晋升中所起的作用，来使这一情形活灵活现。在全书中，李侃如以翔实的案例详细说明了各项原则。

　　本书明确指出了在中国运营的一些风险，无论这些风险是经济的、操作性的，还是声誉性的。企业家应当仔细思考这些风险对商业机密安全性的影响。在中国国内和境外的声誉风险，本书也有涉及。例如，中国的网络博客能够在国内引发措手不及的情况，而企业供应链的不当操作也会很快转化为国际性尴尬事件的来源。虽然这些风险难以规避，但却可以预知或缓解。李侃如将他的经验融入可操作的方法中，指导企业家在危机四伏的环境中运营企业。

　　这是一部来华工作前和来华后都要读的书。通过对各种挑战的全面分析及富有洞察力的应对建议，本书有效地指引企业家走上正确的方向，避免重蹈他人覆辙。本书有潜力使任何一位企业家的中国经营战略快速起步。

美国麦肯锡公司全球执行董事

鲍达明（Dominic Barton）

2014 年 3 月

前　言

　　西方的跨国公司正面对不断变革的全球现实。肇始于2008年的全球金融与经济危机使西方的权威下降、资金减少，但主要发展中国家在此期间运转得相对较好。这一权力转移产生了相应的后果。跨国公司近20年来已经习惯了在"华盛顿共识"的框架下运营。通行的解释认为这一共识设定了优化增长的最佳途径，包括综合高质量的治理制度、相对自由的市场、法治、自由民主、开放的资本及消费市场和良好的公司治理等因素。这些想法已经深深融入西方国家的政策，并对主要的多边经济、金融和贸易制度的决策产生影响。

　　问题在于，自20世纪80年代以来，中国取得了前所未有的成功，但除了相对开放的市场以外，从未采用上述共识中的任何一条。受到中国高速增长的影响，多边国际组织，如国际货币基金组织、世界银行和20国集团可能不再采用西方所熟知的最佳模式作为其运行的前提。

　　中国及其他主要发展中国家在国际经济中的角色也在发生变化。早先，西方国家提供金融资本资助发展。目前，发展中国家资本充裕，而西方国家大多是净债务国。在撰写本书时，中国的外汇储备已达到3万亿美元。中国也正集中升级其科技能力，并通过政策杠杆以市场准入为交换从西方企业取得技术。其目的在于成为先进技术的来源，而非限于通过授权或购买来获取突破性的技术进展。在强劲的经济增长及成为世界第二大经济体的前提下，中国政府感到自己在全球的地位已经改变了。

总而言之，中国的影响力在多边经济与金融治理机构中有所增长（20国集团取代七国集团、国际货币基金组织、世界银行及其他机构）。随着这一进程的持续，其他发展中国家，如印度，也将提升自己的作用，西方国家对国际体系的巨大影响将不可避免地减少。一个最为重要的问题是，中国政府将在何种程度上继续保持现有的国际规则，抑或将使其与自己的经验、优势及实践相一致。

如果后者在一定程度上成为现实，多边国际机构可能会开始对知识产权、技术转移、信贷条件和资本要求等问题采取截然不同的立场。目前的局面显然还不确定。但跨国公司需要认识到，随着国际实力分布的调整，国际规则及实践很可能将伴随这一过程发生潜在的、令它们不适的挑战。为了成功，跨国公司将需要适应新的环境。

本书并非关注全球经济，而是特别关注中国。它清楚地向希望在中国做生意的跨国公司说明影响中国未来的宏观动力及中国实际的运行方式。这些含义既令人欣慰，也令人不安。一方面，事实上可用的有关中国如何运作的知识比很多企业界人士意识到的要多得多，这些知识能够帮助企业家获得实实在在的经营优势；另一方面，这些知识意味着多数跨国公司需要在很大程度上调整它们标准的企业经营实践以保持竞争力。企业如果成功实现了这些变革，将发现它们经营和生产各个方面几乎都准备充分，能够从未来30年的全球增长中受益，其中势不可挡的主要增长将出现在发展中国家。

在中国，国家始终至少是你沉默的合伙人。如果相关的官员反对，最好的商业计划也会失败，国家决策可以显著地影响企业的商业机会。本书因此首先从宏观层面解释中国的主要优势和挑战，使读者能够理解国家面对的一些具体问题。接下来，本书从中国政府，包括共产党和政府，如何运作以及政府怎样对企业进行个别干预入手。理解国家的主要问题和中国特色的治理体系，是企业识别商业机会与风险的关键。在中国，机会与风险并存。

本书其余部分解释对品牌、人力资源、政府关系、产品开发、市场营销、企业社会责任和风险缓解等企业战略诸方面初步分析的启示。由于国际实践正逐步脱离"华盛顿共识"，针对中国商业环境做出有效的调整将帮助企业在其他经济体运行得更好。

每家企业都各不相同，也没有一本书能够满足每家企业的需求。但是，每家希望在中国运营的企业都得以从对中国商业环境和获取成功需要注意的问题的深刻理解中获益。因此，本书并不寻求提供全面的答案，而是希望形成问题框架。在中国这样一个重要且充满活力的地方，知道提出正确的问题是至关重要的。

致　谢

感谢很多企业高管、中国同事，以及从前我在密歇根大学罗斯商学院的学生，是他们长期以来对于本书中若干讨论的洞见和反馈影响了我的想法。任何提及他们名字的尝试都可能有挂一漏万的风险。但是，如同任何一部著作，本书也是众人智慧的结晶，我希望向他们表达诚挚的谢意。

我要特别感谢给予我非凡帮助的两位研究助理。当我在密歇根大学工作时，杨林（音）在资料整合方面做了出色的工作。在布鲁金斯学会，罗伯特·奥布莱恩（Robert O'Brien）在资料获取和繁杂的书稿出版准备上提供了极有价值的协助。他们非同一般的技能和效率使本书的写作轻松许多，并充满了乐趣。

我在密歇根大学工作时写就了本书第一部分的初稿，在我进入布鲁金斯学会后正式完成本书。两个机构都提供了卓越的研究环境及相应的支持。我想不出能有比这两个更好的地方能让我形成我的想法，让同事来验证它们，并享受有助于清晰思考和写作的环境。我要深深地感谢这两个杰出机构的领导、学者和员工。

在布鲁金斯学会，迈克·奥海仑（Michael O'Hanlon）迅速并高效地推动本书的内部和外部评审流程。他还通读了书稿并提出了自己的建议。感谢他及多位匿名读者对完善本书做出的贡献。布鲁金斯学会出版社极其高效和专业地使本书快速出版。感谢罗伯特·法赫蒂（Robert Faherty）和他的团队在本书从书稿到出版的过程中所做出的卓越工作。

即使在一个高水平的机构里，有时也需要独具远见的杰出个人为完成最高效的工作创造条件。在布鲁金斯学会，约翰·桑顿（John L. Thornton）就有这样的远见并提供了支持。他以诸多方式，提升布鲁金斯学会分析和解释中国发展及中国对美国乃至世界影响的能力。我十分荣幸能够担任以他名字命名的中国中心的主任，并从在他支持下汇聚在一起的学者群体中获益良多。

我的夫人林泉（Jane）一如既往地给予我理解和支持。她不仅阅读了书稿并提升其质量，而且通过诸多方式对本书的各种所需作出贡献。简言之，她是最棒的。

在我的人生中，我极其幸运地与两位异常杰出的学者成为朋友和同事。迈克尔·奥克森伯格（Michel Oksenberg）是卓越的中国专家，他以全身心的热情投入与中国的联系，并在学术和公共政策方面获得了巨大的（非物质）回报。普拉哈拉德（C. K. Prahalad）教会我如何在一个高度上思考国际商业舞台上的重大问题。我十分有幸与他们一起任教并合著著作，使我从中终生受益匪浅。不幸的是，他们都英年早逝，迈克尔·奥克森伯格和普拉哈拉德分别于 2001 年和 2010 年辞世。谨以此书怀念他们。

第一章

中国向何处去

一　历史教训

二　新方法

中国是一个其历史深刻影响其当代与未来的国家。在中国人眼中，作为一个伟大文明体，它荣耀与耻辱的过去，被 19 和 20 世纪率先实现工业革命的国家打入谷底。18 世纪中期，中国无可争辩地是世界上最领先的文明体、政治体和经济体。但在 20 世纪最初的几十年里，中国人被称为"东亚病夫"，成为一个无法适应现代世界、无法治理、无法保护自身利益的国家。

作为中国体系最核心的、基于儒家思想道德的官僚政治体制，在受惠于掌握工业革命技术和科技创新精神而形成强大军事和经济实力的西方和日本的打击下崩溃了。自那个谷底以来，使中国发展成为强大富裕的国家，使中国重享真正尊严，成为中国各类政治信念的根本动力。

在 2011 年，如同一个世纪以前，同样的决心仍指引着中国的领导人和普通百姓。不同之处在于，经历了几十年痛苦的斗争、探索与失望，现今中国上下的强烈感受是，中国已终于找到重新实现安定与繁荣的道路。这一感受点燃了举国上下强烈的感情。这样的感受解释了尽管很多中国人反复对他们个人生活表达不满，但百分之九十以上的大多数人都主张中国正处在一条正确的道路上，而且其未来将比今天更好。中国没有任何一位领导人能够违背这样的情绪，在现在或在可以预见的未来里取得成功。北京押注在保持上述势头的延续并找到使中国走向富强从而实现伟大复兴的道路。因此，通过理解中国的过去来认识中国的当下及未来的主要目标是十分重要的。使用美国或西方的假设来解读中国的愿景不会有效，因为这很可能掩盖了中国从痛苦的历史经验所形成的中心目标。

一　历史教训

19 世纪中期以来，中国面临的一个核心问题是如何在适当吸收借鉴西方的同时保持使中国具有独特性的基本特征，并能够把中国提高到一个新的层面。[①] 在 20 世纪开始之前，对这一核心难题的基本讨论已经开始。这一讨论有三个相互矛盾的论点。[②]

论点一：

中国如此巨大，如果它能用一整套核心价值理念团结全体中国人，那么没有任何一个国家能够占领中国，无论它的技术多么先进。西方战胜中国的手段将主要是通过在中国国民中散布不和，一些人想要部分采用西方的文明和产品，而另外一些人想把西方完全排除在外。从这个角度出发，西方只能通过使多数中国人向往西化来左右中国。因此，解决这一问题的正确方法是把国民团结在核心价值观（19 世纪的儒家精神，20 世纪六七十年代的毛泽东思想）周围来确保中国的独特性。

论点二：

中国必须采用那些使西方变得如此强大的关键因素，同时

---

① 这里所指的西方包括明治维新后的日本。日本在进行激进的自我改革、吸收工业革命的经验后，成为与工业化国家一样强大的国家。

② Kenneth Lieberthal, *Governing China: From Revolution through Reform*, 2nd rev. ed. (New York: W. W. Norton, 2004).

避免这一过程中可能导致的政治制度和社会的连锁反应。用 19 世纪 90 年代的话来说，中国的战略应当是"中学（社会与政府）为体、西学（技术）为用"。① 这是从那时起在绝大多数时间里支配中国政治的宽阔的中间地带，但由于技术广泛影响着社会，这一认识在现实中反复受损，一些无意的结果难以避免地出现。这个情况在信息技术革命时代尤为凸显。

论点三：

由于西方的关键优势是创新和研发新技术的能力，中国必须实施重建其教育体系、经济、社会和政治的必要措施，以使中国的技术创新与西方并驾齐驱。西方永远不会把最先进的技术出售给中国，因为这可能会威胁西方的优势。因此，采取中间道路观点的人是幼稚的，这不会引领中国成为与西方匹敌的强国。对于那些能使中国成为与西方一样具有技术活力的国家的改革，没有什么是不能采用的。

三条线索把上述三个论点综合在一起。

第一条线索，中国深刻怀疑西方的动机，无论西方人用什么样的说辞或做出什么样的保证。在中国有一个根深蒂固的国家信念，即西方将全力遏制中国的崛起，从而保证自己的优势地位。鉴于美国首屈一指的国际地位和中国最近迅速地崛起，这一信念目前特别聚焦于美国。这导致对美国动机持久的不信任，以及数不清的阴谋论解释美国善意的行为。

例如，中国长久以来对美国将中国视为二流大国表示愤怒。在 20 世纪 90 年代，中国厌恶美国关于人权、全球普世价值（其中很多是在美国的强大影响下形成），以及美国优越性的布道。当巴拉克·奥巴马成为美国总统，他转变了对中国的态度，视中国为主要的全球参与者，并将其纳入到诸如重建国

---

① Joseph R. Levenson, *Confucian China and Its Modern Fate*：*A Trilogy*（University of California Press，1968）.

际金融体系、应对全球气候变化和限制核武器扩散等国际事务的贵宾谈判桌。中国对此做何反应？中国很多人认为奥巴马作出这样的改变是为了诱使中国忙于国际事务，分散发展国内经济的精力。因此，这只是美国最新的阴谋，意在诱惑那些未加防备的人，使中国崛起进入放缓的轨道，并最终倾覆。①

第二条线索是对科技的关注，认定这是西方强盛而中国脆弱的关键。在过去两个世纪的多数时间里，如何提高科技创新能力一直是中国思想家们苦苦思索的问题。如何在成为创新社会的同时避免成为西方社会，可能是现代中国的核心问题。极"左"（例如 20 世纪 60 和 70 年代"文化大革命"期间的毛泽东）和极右（例如 19 世纪 90 年代的义和团）人士感到，通过使中国与西方分离并消除西方的影响可以解决问题。但所有激进行为全都遭到惨败，不再是中国 21 世纪可行的线索。

前两条线索对于第三条而言是根本性的：中国需要达到一定的地位，保证西方不再对中国指手画脚，或对中国的不顺从进行惩罚。即使西方的告诫公认是对中国潜在有益的时候，还是有一种根深蒂固的主张，认为中国没必要如西方所愿。据报道，当欧盟贸易部长凯瑟琳·阿什顿在 2009 年 5 月的会议上对中国汽车市场的准入障碍表达关切时，中国副总理王岐山回应道："我理解你的抱怨，但中国市场的吸引力无法抗拒。"②简言之，鉴于中国强劲的表现和西方在全球金融危机的危难，中国没有必要对西方对其运行方式的关切做出任何回应。

基于一个世纪以来外敌入侵和国内动乱的痛苦经历，第三条线索超乎寻常地专注于保持一个内部强大的国家并对外维护主权及领土的统一。国家凝聚力被切实地摆到了很高的位置，

---

① Linda Jakobson and Dean Knox, "New Foreign Policy Actors in China," Policy Paper 26 (Stockholm International Peace Research Institute, 2010).

② Richard McGregor, *The Party: The Secret World of China's Communist Leaders* (New York: HarperCollins, 2010), p. xvi.

因为它曾经很难实现并保持，而国家在应对国际和国内挑战、锻造和保护国家凝聚力方面发挥了巨大的作用。

围绕"中学为体、西学为用"的争论自这个理念提出之初就从未停息。可以允许多大程度的"西学为用"？中国应当只学习西方的技术和产品，还是可以引入产生新技术的哲学体系和理性思考模式？中国如何在强调西方国家先进成就的同时，避免形成中国无法赶超的消极想法？适度西化和过度西化的界限在哪里？若假设西方的核心目标是诱使中国接受其信仰并使中国继续作为其附属，那么如何决定哪些东西应当从西方吸收借鉴？这些问题处于中国的政治核心已超过一个世纪，对它的争论反复将这个国家引入动乱，甚至是内战。

只有理解这些背景才能领会自 1998 年，特别是 2008 年全球金融危机爆发之后在中国发生了什么。在这段时期，中国保持了极高速的经济增长，并成为世界第二大经济体。① 其中的第一个十年，中国从亚洲金融危机中率先复苏，加入了世界贸易组织，把曾经是国民经济包袱的巨大国有部门转为盈利，大力推动了出口，成为世界第二大信贷国，并使原本极其脆弱的国有银行基本站立起来。

自国际金融危机爆发以来，中国保持了超过任何一个主要经济体的最快增长速度，而且从危机中摆脱出来，并拥有比大多数工业化国家更低的政府债务水平（占国内生产总值比重）。这两年，中国还取得了一些令其无比自豪的成就：在 2008 年夏天举办了世界级水准的奥林匹克运动会，在新疆和西藏处理大范围的民族骚乱，有效应对了灾难性的 2008 年四川汶川地震，在 2009 年平稳地渡过了一系列政治性纪念日（并在新中

---

① Tomoko A. Hosaka, "China Surpasses Japan as World's No. 2 Economy," *Washington Post*, August 16, 2010 (www. washingtonpost. com/wp. dyn/content/article/2010/08/15/AR2010081503697. htm).

国成立 60 周年庆典上举行了盛大的阅兵仪式），以及 2010 年在上海举办世界博览会。

当中国取得如此非凡成绩的时候，西方，特别是美国正蹒跚于灾难边缘。始于华尔街，而后席卷全球的国际金融危机的根源在于美国创造的金融衍生产品。其结果重创美国，经济削弱和严重负债，未来充满不确定性。这在很大程度上减弱了美国模式的光彩，在美国长期以来保持的无所不能的表面打下了一个巨洞。

美国财政部长（原高盛集团董事长）汉克·保尔森近年来多次告诫中国走向开放、创新的金融体系的重要性，因为这是美国成功的主要原因。[①] 现在看来，这个中国曾经认真考虑的提议并不有效，而中国最终没有接受这个建议反而是有先见之明的。

当中国展望未来，会看到它已经形成了关键性的势头，正在重新回到历史上的财富、权力和令人尊敬的地位。中国已经取得了几十年的高速增长，并没有因难以预见的问题和重大危机脱离这样的趋势。西方则受到重大挫折，失去了光泽，削弱了强势与自信。中国人可以亲身体会到这一点，而这一变化也不断在中国媒体上传播。

2010 年春季一本中国杂志把罗伯特·佐利克的照片作为封面，反映了中国人的态度。作为美国国务院官员，佐利克曾在 2005 年提出了著名的中国是国际体系的利益相关者的说法。[②]

---

① Zhao Yidi and Kevin Hamlin, "China Shuns Paulson's Free Market Push as Meltdown Burns U. S. ," *Bloomberg News*, September 23, 2008 (www. bloomberg. com/apps/news?pid = newsarchive&sid = aC17bFUJzWRk) ; "Remarks by Secretary Paulson on Managing Complexity and Establishing New Habits of Cooperation in U. S. -China Economic Relations at the 2007 George Bush China U. S. Relations Conference, "Department of the Treasury press release, October23, 2007(www. ustreas. gov/press/releases/hp633. htm) .

② Robert B. Zoellick, "Whither China: From Membership to Responsibility?"Remarks to National Committee on U. S. -China Relations, September 21, 2005(www. ncuscr. org/??les/2005Gala_ RobertZoellick_ Whither_ China1. pdf) .

2010 年，佐利克已是世界银行行长，这一职位一般由美国人担任。但在封面照片中，佐利克微微俯身，双手抱拳，这是中国礼节中谦恭的姿势。封面报道的题目是：权力从西方转到东方。

这是新的叙事，2011 年的每位中国领导人都必须保持它。即使他们知道引领中国登上国际权力巅峰的经济发展模式具有固有的缺陷。有很多技术性问题还未解决，整个模式建立在一些越来越站不住脚的核心假设上：充足的廉价劳动力、对日益增加的不平等和腐败的普遍包容、环境破坏以换取国内生产总值增长和开放的出口市场。

二　新方法

实用主义是中国过去 30 年改革的标签，因为中国领导人并不畏惧现实中的挑战。在解决重大问题前，他们通常用多种方法进行试验以决定最佳路径。他们已经建立起允许多种政策灵活执行的政治体制。

当他们需要变革其发展模式时，他们寻求保持其体制中那些运转良好的核心特征，并做出适当修正以保证其未来的成功。因为没有人能预知未来，加之中国的规模和复杂性是前所未有的，对具体细节上的讨论一直广泛存在。这些讨论受到历史教训的影响和局限。总而言之，到目前为止形成的主要决定如下。

中国共产党领导的威权体制的持续，是中国实施强硬政策以保证国家在国际舞台上不断崛起的唯一希望。党的领导人在人员选聘、培训、晋升和内部程序等方面进行了诸多改革，以改善政党质量。① 但是一党制极其重要，任何能保护这一体制

① David Shambaugh, *China's Communist Party: Atrophy and Adaptation* (University of California Press, 2008), pp. 103—60.

的行为都将被接受。

在建立社会保障网方面还需要付出很多努力。这意在降低阻碍居民消费的过度高企的家庭储蓄率。这也将缓解导致罢工、暴乱和其他形式社会失序的社会紧张局面。最近几十年来，在提高工资及其他问题上所采取的以增加居民消费的措施，比以往更加迅速。这一努力的口号是"建设和谐社会"。①

中国领导人也认为中国成功地在整合和东南亚制造业体系中建立了最终装配点的地位，即中国沿海省份的企业从亚洲各地进口高附加值零部件，而后进行最终组装和包装，出口到北美和欧洲，这使中国经济壮大，但却不再是未来发展的重点。这一战略的第二个方面是邀请外国公司投资中国制造业产能，生产在境外设计并最终出口的产品，把能耗最高、污染最重的价值链节点放置在中国。这样的总体策略使中国处于全球产业链的低端，这使中国在金属板材成型方面取得卓越的进展，但在更高附加值的科技研发、产品设计发展、销售、服务、品牌和金融等对于整个国家的繁荣更为关键的领域，没有大的进展。②

因此，中国领导人在尝试给中国在经济领域重新定位。这一新方法的主要推动力如下。

——关注成为技术先行者的能力建设。优先的措施包括拓展和改善大学教育、吸引海外留学人员、将外资企业的技术转移作为市场准入的条件，以及设计融资机制、监管和政府采购标准来促进中国本土技术形成规模，并限制外资企业的技术选

---

① David Shambaugh, *China's Communist Party*: *Atrophy and Adaptation* (University of California Press, 2008), pp. 115—19.

② Liang Jun, "Why Can't China Climb up the Value Chain?" *People's Daily*, August 5, 2010 (http://english. peopledaily. com. cn/90001/90780/91344/7094785. html); Jiang Yong, "Time to Make a Leap up the Value Chain," *China Daily*, September 25, 2007 (www. chinadaily. com. cn/opinion/2007.09/25/content_ 6131878. htm).

择。这一系列措施正大规模实施，特别是在 2008 年国际金融危机后，进入中国市场的重要性大幅提升。这一努力的口号是建设自主创新能力。①

——使中国成为全球绿色技术的有力竞争者。中国领导人看到，中国因错过工业革命而遭受了痛苦的经历，在信息技术革命中更多的是买家而非卖家。他们发现给碳排放标价的趋势已无法扭转，他们希望中国能够在即将到来的低碳革命中成为领导者。这使近十年在清洁能源领域形成了高达 4400 亿美元的投资，以及每月 90 亿美元的清洁技术研发支出。② 所有的自主创新项目都鼓励最大限度地从先进的工业化国家向中国进行技术转移。这一努力的口号是科学发展。③

——向内陆省市提供资源，促进其发展，提高农村地区的生活水平。基础设施投资越来越多地集中于内陆城市和链接它们的交通大动脉。鼓励二线和三线城市快速发展，目前中国已有 100 个城市的人口超过 100 万人。加速服务业发展的努力也在实施，中国服务业占国内生产总值（GDP）比重是主要国家

---

① James McGregor, "China's Drive for 'Indigenous Innovation': A Web of Industrial Policies, "report for APCO Worldwide, the Global Intellectual Property Center, and the Global Regulatory Cooperation Project of the U. S. Chamber of Commerce(www. apcoworldwide. com/content/PDFs/Chinas_ Drive_ for_ Indigenous_ Innovation. pdf).

② S. Julio Friedmann and Orville Schell, "Obama, Hu Have Clean Energy Opportunity," *San Francisco Chronicle*, January 16, 2011 (www. sfgate. com/cgi. bin/article. cgi? f = /c/a/2011/01/16/IN4E1H7JE3. DTL).

③ 对科学发展的描述参见 Shambaugh, *China's Communist Party*, pp. 119—20。关于绿色科技项目参见 Cai Hong, "China Calls for Green Technology Transfer," *China Daily*, April 29, 2009 (www. chinadaily. com. cn/china/2009-04/29/content_ 7727980. htm); Thomas Friedman, "Who's Sleeping Now?" *New York Times*, January 9, 2010(www. nytimes. com/2010/01/10/opinion/10friedman. html); Keith Bradsher, "China Leading Global Race to Make Clean Energy, "*New York Times*, January 30, 2010(www. nytimes. com/2010/01/31/business/energy-environment/31renew. html); and"China to Build Industrial System of Low Carbon Emissions, "Xinhua, March 5, 2010(www. chinadaily. com. cn/bizchina/2010 – 03/05/content_ 9542319. htm).

中最低的。这一系列措施的口号是实现平衡发展。①

简言之，这一系列措施的目的在于提高中国的经济能力，以应对严峻的不平等、污染、出口导向型增长模式在未来的局限性和科技滞后问题。党的领导人正准备投入更多的资金来实现其想法，以及在最大程度上运用国家权力来分配资源及处理可能的社会紧张问题。如果中国在未来十年保持如同前 30 年的 10% 左右的国内生产总值年增长率，那么这将源自于中国目前正在做的这些努力。

成效很少如计划那样出现。中国的未来受到上述措施的影响，同时，更为关键地，也受到公共政策无法触及的动力与阻力的影响。下面的章节将解释这些动力与阻力，为中国未来十年的增长前景提供线索。如同国家目标与计划，每项动力和阻力都为具有相应雄心和能力的企业提供商业机会。

---

① "Hu Urges Balanced, Sustainable Development," Xinhua, March 5, 2010 (www. chinadaily. com. cn/china/2010npc/2010 – 03/05/content_ 9546215. htm)；"Science, Technology Key to China's Economic Development," Xinhua, December 28, 2009 (http：//english. peopledaily. com. cn/90001/90776/90785/6853180. html).

第二章

增长的动力与阻力

一　增长的主要动力

二　持续快速增长的主要障碍

三　外部障碍

四　结论

在中国追求持续高速经济增长的情况下，将取得多大的成功？从动力和阻力上看，哪些要素将左右其未来的增长？

一 增长的主要动力

众多要素预示着未来增长。尽管中国付出了艰苦的努力，但几乎每个产业都落后于世界前沿技术的现实，意味着中国在未来十年甚至更长的时间里能够充分利用大量产业部门中的后发优势。如同日本及其他国家那样，接近技术前沿远比创新技术前沿容易得多。尚未处于技术前沿的国家具有巨大的优势，知道哪些科技可行、哪些不可能，他们只需要知道怎么获取这些技术（或购买或模仿，抑或是其他方式）。已经处于技术前沿的国家需要面对现实，为了达到下一个技术高峰所付出的大部分努力有可能失败或不得不放弃，这将极大降低技术更新的速度，增加技术创新的成本。尽管有自主创新项目，在未来的很多年里，中国许多产业还难以进入技术领先的地位。[1]

---

① 谢德华（Edward Steinfeld）对中国技术发展趋势与前景做了系统的论述，参见 *Playing Our Game*（Oxford University Press，2010），chap. 4.

三个基础性的动力将在未来十年乃至更长时间里为中国经济增长提供强大推力。它们都综合了政治、经济与社会要素。如果不考虑城市化、中产阶级发展，特别是当前的政治经济的话，便无法理解中国经济增长背后的动力。

（一）城市化

中国正在经历人类历史上最迅速和最大规模的城市化进程。这一进程始于 90 年代早期，此前经历了党和政府对农村向城市移民进行限制的 30 年。这一进程在过去 18 年加速，根据中国观察家的研究，将有可能持续到 2030 年左右。

中国城市化涉及的人口总量是惊人的。自 1992 年以来，大约有 2 亿人彻底离开农村，融入城市生活。目前，每年差不多有 1200 万农村人口转为城市人口。据中国官方统计，自 1992 年开始至 2009 年，农村向城市移民达到 2.3 亿人，并在 2020 年预计累计达到 3.5 亿人。① 这意味着，在 1992 年之后不到 30 年的时间里，中国从农村转移到城市的人口将超过美国的总人口。

影响人口流动的因素既有推动效应，也有带动效应。与美国相比，中国的耕地面积较少，而且由于土壤退化、城市化及其他发展行为导致耕地面积每年减少 1% 以上。② 2008 年，中国的农村劳动力为 4.73 亿人，而美国大约 400 万人完成了全

---

① "China's Farmer Turned Workers Reach 230 Million," *People's Daily*, March 24, 2010（http://english. peopledaily. com. cn/90001/90776/90882/6929095. html）. 到 2025 年预计农民工总数为 3.5 亿，这一数据来自 Dexter Roberts, "China Prepares for Urban Revolution," *Bloomberg Businessweek*, November 13, 2008（www. businessweek. com/globalbiz/content/nov2008/gb20081113＿305364. htm? chan = rss＿topEmailedStories＿ssi＿5）.

② "China Spending Too Little to Stem Farm Drain," Reuters, April 9, 2008（www. reuters. com/article/idUST13042720080409）.

部耕地的耕种。① 在中国，由于农业收入太低，有理想并受过良好教育的年轻人都选择到城市创造自己的财富。但现实是，尽管在 1992 年后大量人口涌入城市，居住在农村的人口总数由于农村人口的自然增长而并未出现显著的下降。②

这一持续的人口流向城市现象对经济增长产生了诸多影响。在最低程度上，许多农民工从原来未创造国内生产总值的状态变为至少创造一定国内生产总值的状态。更为重要的是，中国的党政体系需要给每月新增的 100 万城市人口提供基础设施和公共服务。这包括新建或改建的道路、学校、住房、卫生服务、水处理等。中国的城市居民不同于工业化国家的城市居民，平均消费了相当于农村居民 2 倍以上的能源。③ 尽管中国的人口只占全世界的 20%，但对于建设的需求使中国每年新增建筑面积惊人地占全球大约 50%。

为上述移民创造就业的需求也十分强烈。很多人在建筑业或服务业领域寻找工作机会。中国的政治体制仅逐步接纳大量移民涌入城市的现实。在 2007 年的官方城市人口数据中，民工基本没有被纳入，官方仍将他们划为他们已经离开了的农村的人口。这在一定程度上避免了城市政府为数以百万计的民工提供社会服务和相关的基础设施，以及执行计划生育政策和其他政策的责任。

但流动人口的规模和久居性快速地改变了政治考量。在

---

① 农村劳动力人数参见《2009 年中国统计年鉴》（中国统计出版社，2009），第 111 页。美国的农业劳动力参见 "Food/Fiber/Biofuel Chain" Agricultural Council of America（www. agday. org/media/acafoodchain. pdf； www. agcensus. usda. gov/Publica-tions/2007/Full_ Report/Volume_ 1, _ Chapter_ 1_ US/st99_ 1_ 049_ 049. pdf）。

② 1992 年中国的农村人口为 8. 4996 亿人，2008 年为 7. 2135 亿人。参见《2009 年中国统计年鉴》。

③ Presentation by Jin Jiaman of China's Global Environmental Institute, "Situation and Trends of China's Rural Energy Consumption," June 29, 2010（www. eu. china. net/web/cms/upload/pdf/nachrichten/2010_ 08_ 02_ bonn_ 29062010_ jin. pdf）.

2008 年，新的城市人口数据计算了流动人口。更广泛地，城市政府开始关注流动人口的公民权利，因为忽视流动人口带来了违法、犯罪和社会不稳定等诸多社会风险。限制性的居住许可制度（在中国称为"户口"）正在放松，并有可能在未来五年彻底取消。就中国大多发展问题而言，尽管国家的政策趋势已十分明显，但在地方仍存在可考虑的余地，从而出台自己的特殊政策，因此具体政策实践在不同城市大不相同。

流动人口的目的地也在发生变化。最初，差不多一半的流动人口仍留在省内，流向临近的乡镇、城市或省会城市。另外的一半一般从内陆流向沿海省份，如珠三角（临近香港的广东各地市）、长三角（以上海为中心）和环渤海的京津地区吸引了跨省流动人口的大部分。

在过去五年间，这些特点正在发生转变，并受国际金融危机的影响而有所加速。第二代流动人口并不愿意到沿海地区，部分原因在于没有较好的机会并得到不很好地对待，部分原因在于国家政策转向投资内陆使他们家乡附近的发展机会大幅增加。此外，中国更加重视在内陆地区兴建电信和交通基础设施以促进高质量的制造业向内陆转移。这些地区与越南等新兴市场国家相比，工人的工资更具竞争力。由于内陆地区用于出口与内需的产业部门扩大，很多流动人口选择留在离家更近的内陆省份。从影响上看，内陆二、三线城市的人口规模大幅增长。由于各方没有标准的定义，二线城市一般指省会城市，三线城市为省内的地级市。[①] 它们正成为中国市场和跨国公司战略更为青睐的区域。

但这并不意味着沿海的大都市在衰落。它们正寻求转型到更加清洁、更加高效的制造业或高附加值的服务业。事实上，中国的城市问题研究专家推测，更加高效、更为整合的都市群

---

① James A. Sinclair, "Researching China's Next 600 Cities," *China Business Review* (Novembe-December 2010)（www.chinabusinessreview.com/public/1011/sinclair.html）.

将在珠三角、长三角和环渤海地区形成，并为中国迅速增长的国内生产总值贡献更大的份额。①

抛开上述空间性的细节，总的现实是从农村向城市流动的人口是当前和未来几十年在总体上驱动中国投资与发展名副其实的海啸力量。因为这一进程受到基础性的社会和市场力量影响，政府可以尝试做边缘性的改动，但却无法有效地使其放缓。城市化将产生巨大的物质需求，如电力、水泥、钢铁、铝和石化产品，以及服务行业，它们将共同推动中国在未来的若干年里保持高速增长。

（二）中产阶级的壮大

尽管精确的数字没有多大意义，但中国中产阶级规模巨大并快速增长。具体的数字取决于采取什么样的统计口径，以及获取目前中国统计体系尚没有能力统计的诸如城市财富等指标的准确数据。但在中国城市存在大量中产阶级已是不争的事实，中产阶级生活的行头，如私人汽车、旅行、高档服饰、家具、家电、私有住房，以及充满活力的房屋装修服务、高档酒店和更多的文化消费，都昭示着中产阶级的兴起。②

中国中产阶级最显著的特征可能是几乎他们中没有任何人在1995年时享受了与目前可比的收入和生活方式。中国迅速的经济发展使社会流动性大幅加快，仅用了15年时间就形成了中产阶级或上流社会的生活标准。与发达工业化国家不同，中国中产阶级中年轻人的数量远多于老年人。

当然，中国的大多数人还只是有希望成为中产阶级的一员。在这一阶段，很多人用理性解释当前较差的状况，认为自

---

① 《中国城市发展报告（2002—2003）》，北京：商务印书馆2004年版。

② 与印度相比，中产阶级在中国有更高的生活标准（更好的住房、交通、旅游和很多服务）。

已不够幸运或没有接受良好的教育而无法适应新的时代。但中国的父母都会牺牲自己为孩子提供更好的教育使他们能够跻身于中产阶级。中国政府敏锐地认识到必须保证向上流动的社会通道畅通，同时展现出为那些值得拥有中产生活的人们提供这一生活方式的能力。如果多数中国人感到体制阻碍了向上的社会流动，那么社会紧张状况毫无疑问会陡然上升。

在中产阶级群体快速增长的情况下，作为结果的政治性强制目标要求在服务业和基础设施领域持续进行投资以满足中产阶级的生活方式。在中国，信用消费仍处于初始阶段，大多数中国消费者仍在使用借记卡购物。① 服务业的各领域，从饭店到旅游，从保险到金融服务，都在大幅扩张以满足新的需求。对高质量消费品的需求巨大而且增长迅速，并广泛扩展到内陆地区。中产阶级新贵热爱自由出行，不仅带来汽车热销，而且也带动了对道路及其他交通基础设施的投资。②

教育的快速扩张也很关键，因为它总体上持续提供了很高的回报。基于这样的认识，中国免除了初级教育学费，将教师工资作为地方财政预算的首要职责，使 1998 年至 2008 年间高等教育入学率提高了 500%。③

保持中产阶级持续增加的压力在未来十年或更久的时间里将不会消失。把中产阶级规模扩大视作维护社会稳定关键要素的党和政府将很有可能继续保持对上述压力敏锐的回应，并尽

---

① 例外出现在汽车贷款和住房抵押上。Paul Wiseman and Calum MacLeod, "Consumerism Hasn't Caught on Yet in China: Unlike in America, Saving Is a Way of Life," *USA Today*, March 19, 2009（http://proquest.umi.com/pqdweb? index = 27&did = 1663807791&SrchMode = 2&sid = 3&Fmt = 3&VInst = PROD&VType = PQD&RQT = 309&VName = PQD&TS = 1282076658&clientId = 13862）.

② 例如，2009 年中国在交通领域的固定资产投资为 1654 亿美元。参见"China to Have Longer Highway than U. S. in 3 Years," Xinhua, March 7, 2010 http://news. xinhuanet. com/english2010/china/2010 – 03/07/c_ 13200964. htm）。

③ 《2009 年中国统计年鉴》。

最大能力保证社会向上流动的通道和相关经济的高速增长。如果不能实现这样的目标可能将危害中共坚决保持的政治稳定。

（三）政治经济学

简言之，政治经济学是指政治和经济之间以什么样的方式互动。中国政治体制对增长的最重要刺激源自其本身政治体制的运作，而非简单的政策与规制。从这点上看，中国本质上不同于其他国家，如印度，可以说政治体制的运作方式给经济增长制造障碍。除了采取有利于增长的政策（如人民币汇率），中国的政治体制如何刺激经济增长？

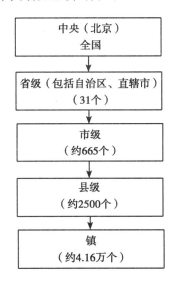

图2-1　中国公共管理的五个层级

与美国的三级政治体制（联邦、州和地方）不同，中国具有五级政府：中央、省、地市、县和乡镇（见图2-1）。① 每

---

① 具体而言，这一系统相对复杂。例如，省级包含了几个省级的城市和省级的自治区，在省和城市之间还有地区，但不被视为是党政体系中独立的一级，市辖区具有与县一样的行政级别，乡村并不属于党政体系的正式组成部分，尽管它们也有自己的治理体系。

级政府与下级政府相联系：每个省都有市，每个市控制周边的县，每个县控制县以内的乡镇。政府的信息交流贯穿于政府层级之中，既包含向上的传递也包括向下的传递。

在这一体系中的各级政府中，党政体制包含了中国共产党和政府机构。在从省、市、县到乡镇的各级都有处于领导地位的党委，党委的负责人是党委书记。各级政府中最重要的官员都是党委成员。但在任何一个地方，最有权力的官员仍是书记，他们是当地党委会的负责人。

中国共产党有7500万名党员，但只有相当少一部分在党的机构中任全职。全职的中共实体机构承担两项重要职能：官员任命和重大决策。它决定了公共领域全部重要的岗位任命（这包括党委系统的全部领导岗位，也包括政府、国有企业、大学和其他公立学校、博物馆、医疗卫生系统、媒体等的领导岗位）。换言之，在除私营部门以外的机构工作的具有抱负的人如果想要实现理想必须要得到中共的支持，从而被任命为领导职务。

党的领导人掌握了重大事项的决策权。之后通常会给地方政府（或公共机构的管理层）在拓展和执行具体政策以实现党委决策的一定自主权。因此，中国由共产党和政府两个相关交织的机构来治理。[①] 党掌握重大决策和职务晋升，政府在一定的空间内将党的决策转化为具体政策并实施这些政策。这样的情况出现在五级国家体制中的任何一级。

很多外国人在观察中国体制的实质时持有相互矛盾的观点。一种观点把这一体制看作完全的共产主义：中央集权、纪律检查、意识形态、独裁和最终依赖于强制。另一种观点认为

---

① 几乎没有例外，每位政府官员都是中共党员，但他们并不是专职的党务工作者，而是在政府中有自己的职位。很多官员在其晋升中都会在党委、政府、国有企业或其他公共机构中担任专职的职务。

这一体制非常灵活、能动，受到经济需求的引导。上述两种观点都不完全正确，但每一种都抓住了现实中的一方面。在中国有效运作的关键是理解其核心的"交易"，它将这些相互冲突的方面联系在一起。

过去30年，中国领导人意识到，中国的国家规模和内部差异很大，因此高度集权的体制或将产生僵化而非活力。因此，在毛泽东去世两年后的1978年实施的改革措施，特别注重鼓励政治体制中的各级政府发挥活力而又不至于无法控制。在20世纪70年代末和80年代，没有人知晓如何平衡分权的需求与总体稳定，政治体制在之后的30年里实际上出现了诸多演变。目前中国仍然是一党制的威权体制，但在这一框架下几乎所有方面都出现了显著的变化。这些演进反映了作为体制核心的"交易"，在政治体系各管理层与其辖区内下级政府间达成的默契。①

各级党委领导决定辖区内下一级的党政领导人的任命。例如，各市的领导决定市所辖县的党政领导的职务。这种自上而下的任命体制确保了各级政治领导人都要对其直接的上级领导的目标和关注领域保持高度的敏感。为了保证自己的职务，各级领导人必须确立与上级保持一致的目标，并在总体思路的限制下执行政策。

反过来，各级政府领导允许其下属在执行政策促进本地区来年的国内生产总值增长方面有一定的灵活性。在每年末，这些下属会被要求撰写绩效评估报告，其中60%左右的篇幅直接或间接地反映本地区较去年相比的国内生产总值增长情况。②

① 这些词汇在中国尚未约定俗成，这反映了我对中国在实践中所发展出的事物的个人总结，是今天理解这一体制的关键。

② Kai-yuen Tsui and Youqiang Wang, "Between Separate Stoves and Single Menu: Fiscal Decentralization in China," *China Quarterly*, Vol. 177, 2004, pp. 71—90 (www. olemiss. edu/courses/pol324/tsuiwang04. pdf). See also Susan Whiting, *Power and Wealth in Rural China* (Cambridge University Press, 2001), pp. 110—15.

书面报告中较好的绩效将把他们推向晋升的通道。各级领导不言自明的是，如果本地的国内生产总值有所增加，他的家庭财富也会随之增加。行政领导及其亲属有很多方式参与地方经济活动，并从增长中获益。① 晋升自然意味着领导干部将掌管更大规模的经济系统，并有为自己家庭积累财富的更多的机会。此外，为了成功履职，地方领导还必须执行国家的计划生育政策，保证职责范围内总体的社会和政治稳定，避免任何可能会对给整个体系带来尴尬的事态发生（如大规模的产品安全丑闻）。

实际上，这个"交易"允许适当的个人行为，奖励成功促进年度经济增长的做法，并要求地方领导避免地方事务失控。这使地方十分注重内部事务。地方领导的首要关注点是辖区的国内生产总值增长，经常需要与其他地区竞争。在地区内部，只有非常重要的官员（地方党委和政府的正副职）由上级党委任命。其他官员都由同级党委任命。在多年的运行中，这一体系形成了除主要领导岗位之外，大多数领导岗位都由本地产生的地方政治机制。鉴于从国内生产总值增长中获益，地方领导一般都以本地利益为优先考虑。

各级政府的行政领导都被赋予控制辖区内官僚机构、法院和银行当地分行的权力。例如，市政府所属的环保局要向本市领导报告并接受本市而不是省级环保局的领导的指示。② 地方政治领导人可能决定所有他们所关心的法律判决。③ 同级的领

---

① 一些例子参见 Graeme Smith, "Political Machinations in a Rural County," *China Journal*, Vol. 62 (July 2009), pp. 29—59.

② Carin Zissis and Jayshree Bajoria, "China's Environmental Crisis" (New York: Council on Foreign Relations, 2008) (www. cfr. org/publication/12608/chinas_ environmental_ crisis. html#p6).

③ Joseph Kahn, "Chinese Court Upholds Conviction of Peasants' Advocate," *New York Times*, January 13, 2007 (www. nytimes. com/2007/01/13/world/asia/13beijing. html?_ r = 1&scp = 1&sq = chinese% 20court% 20upholds% 20conviction% 20of% 20peasants% 27% 20advocate&st = cse).

导经常能够决定地方银行是否为项目提供信贷资金。① 这些领导人可以通过干预地方经济促进自己青睐的企业的增长。②

过去 30 年的改革，在很大程度上强化了各省、地市、县和乡镇领导人以企业家的模式推动各自辖区的国内生产总值增长。他们拥有必要的灵活性来实行自己的政策，有很大的权力决定辖区发生什么（包括在法院、银行、政府和党委机构中），以及在每一年确保自己能够实现成功。所有这些，他们都要留意任命他们的上级领导的优先选择，但各级官僚体系都得到很多"给予"。

除了简单的国内生产总值增长，年度绩效考核还包含其他内容。如果人口控制满足基准指标，没有重大的社会或政治不稳定事件，没有发生给体制带来尴尬的事件，那么激励机制的关键领域则集中在年度国内生产总值增长，地方官员也会相应地履行自己的职责。

在这一框架内，党和政府普遍过多参与经济发展，即使这一体制已构建广泛空间让市场驱动经济，特别是在零售业层面，企业竞争激烈。党和政府的干预，不仅包括设定总体目标并投入相应的资金支持，一般来说是分权的，而且经常是不可见的，但这些干预在公共和私营部门都普遍出现。在微观经济

① Weitseng Chen, "WTO: Time's Up for Chinese Banks: China's Banking Reform and Non-Performing Loan Disposal," *Chicago Journal of International Law*, Summer 2006 (http://proquest.umi.com/pqdweb? index = 8&did = 1122414711&SrchMode = 2&sid = 2&Fmt = 3&VInst = PROD&VType = PQD&RQT = 309&VName = PQD&TS = 1286287828&clientId = 13862); Brian Bremner, Dexter Roberts, and Frederick Balfour, "Headed for a Crisis?" *Businessweek*, May 3, 2004 (www.businessweek.com/magazine/content/04_18/b3881012.htm).

② 参见 Lynette Ong, "The Communist Party and Financial Institutions: Institutional Design of China's Post-Reform Rural Credit Cooperatives," *Pacific Affairs* (Summer 2009), section titled "Matrix Muddle: Functional andParty Accountability" (http://proquest.umi.com/pqdweb? index = 1&did = 1803182971&SrchMode = 2&sid = 7&Fmt).

层面的国家干预，即对每家企业的干预，显著地影响了中国经济运行的方方面面。

地方党委和政府有多种方式支持辖区企业发展，如批准和调整商业许可，低于市场价提供土地和信贷，针对外来竞争者向本地企业提供某种形式的保护，有效地免除本地企业的一些政策负担，为很多新近开展的清洁能源技术提供承诺市场。很多西方私营企业尝试避免与政府机构打交道，担心官员不了解商业并造成一些不必要的成本。对中国私营企业家的采访常常发现，与西方私营企业相反，他们经常把与党和政府的紧密联系看成是一种竞争优势，具有企业家精神的官员能够提供一系列资源，促进他们所垂青的企业取得良好的效益。[①] 地方官员也通过修建新的基础设施，提供税收优惠及其他特殊激励来吸引国有、私人和外国投资，相互之间进行竞争。

"交易"的两个直接效果十分明显。

第一，现在国家官僚体系中的各级领导通过实现经济增长，展现个人的能力，获得他们的地位。中国共产党的地方高级官员往往是区域内最有能力的"企业家"，因为对他们的选择源自他们所展现出的扎实的企业家天赋。

第二，尽管中国是一党的威权政治体制，但现实中的党政体系是十分具有活力的、高度分权的和内部竞争的。地区间相互竞争并不鲜见，例如，在吸引国内和国外投资上。如世界银行报告指出的那样，在中国，地方政府有责任推行中央政府出台的法律法规，执行国家的宏观经济和财政政策。在这一框架

---

① Bruce Dickson, *Red Capitalists in China: The Party, Private Entrepreneurs, and Prospects for Political Change* (Cambridge University Press, 2003); Margaret Pearson, *China's New Business Elite: The Political Consequences of Economic Reform* (University of California Press, 1997); David Wank, *Commodifying Capitalism: Business, Trust and Politics in a Chinese City* (Cambridge University Press, 1999).

下，他们具有较高程度的自主性来根据本地特殊情况决定自己的政策。地方管理者在确定区域投资环境上起很大作用。①

"交易"的最大后果是促进增长的激励在各级政府领导中是最强的，官员们制胜的关键在于展示他们实现这一目标的能力。这一体系的构成模式导致在 2008 年至 2009 年国际金融危机前，国家政治领导人由于害怕资产泡沫、经济增长瓶颈和通货膨胀压力，而寻求降低经济增长率，但这却在充满热情和创造力的各级地方政府官员面前失败了。一个个企业对党政在各级地方经济中的干预的容忍，意味着这个政治经济模式给地方领导提供了在辖区内强有力的促进经济增长的手段。其结果是，如同前文提到的，经济增长是政治体制运行的必然产物。

只要现行的政治经济模式基本存在，可以预见，经济增长将继续保持较高速率，其原因很简单，政治体制自身运行的特征产生了持续的高增长，核心的驱动力深深地嵌入到了国家中心强有力的体制，任何必要的重大变化都需要对国家政治体制本身做出显著的调整。

当然，这些增长需求并不一定促进高质量增长。在现实中，它们经常带来低效、资本密集项目的过度投资、环境退化、地方保护主义、腐败和其他不良后果。这反映了激励机制主要针对地方官员经济总产出增长的现实。这将产生很多麻烦的后果，下文将对此有所论述。

总而言之，中国持续高增长的驱动要素已不是简单的鼓励增长的政策组合。它包括的基础性要素有：城市化浪潮、满足普遍的中产阶级生活方式欲望的政治需求、政治体制如何运作

---

① World Bank, *Doing Business in China* 2008 (www. doingbusiness. org/documents/subnational/DB_ 2008 _ China _ En1. pdf). See also Richard P. Suttmeier, Xiangkui Yao, and Alex Zixiang Tan, "Standards of Power? Technology, Institutions, and Politics in the Development of China's National Standards Strategy," special report (National Bureau of Asian Research, 2006).

及如何与经济紧密相连的内部动力。这些动力不会很快停歇，不会受国家政治决策者的意愿轻易变化。它们共同形成了未来十年或更长的时间里，看起来势不可挡带动经济快速增长的动力。这使中国过去快速的经济增长成为解释中国经济未来 10 年至 20 年走向的风向标。

二　持续快速增长的主要障碍

中国标杆式的经济发展速度背后的动力固然可观，它也面临着严重的阻碍，可能极大改变近年来的发展趋势。公司无论是在考虑机会还是制定措施预期并减少风险的时候，都应考虑这些阻碍。

（一）（还是）政治经济

以上描述的政治经济模式对于创造中国经济奇迹很重要，它也将成为促进快速增长的主要因素。但是，这个政治经济模式也带来问题，这些问题将越来越限制增长。简言之，这一政治经济模式既是中国必须转变经济增长方式的主要原因，也是制约中国成功实现转型的首要障碍。

1. 地方保护主义

地方领导通常为每家企业提供充足的空间来实现增长和利润最大化，但他们也经常干预经济以支持自己辖区内的企业。其结果是广泛存在的地方保护主义。在没有地方企业生产竞争性产品时，官员一般欢迎其他地区生产的产品。但当地方企业的生产可能受到损害时，地方领导则会保护本地市场免受外部竞争的影响（通常采用行政规定）。[1]

---

① 有人曾告诉作者，一些地方政府领导人正利用自主创新的新规定来使本地收益，同时排斥外地企业。

例如，上海市的出租汽车超过 4.5 万辆，有报道称每一辆都产自上海。① 上海市政府没有调整政策规定出租车必须来自本地厂家，而是在出租车管理规定里细化了对发动机和其他零部件的要求，使仅在上海生产的企业才能满足。地方政府一般有权在上级政府设定的较宽边界内制定详细的地方规章，它们经常采取这样的方式来使外来产品处于不利地位。

这一潜在的政治经济模式有助于解释为什么在中国经济中很多优势企业所占国内市场份额远低于其他主要经济体中先进企业所占的国内市场。例如：

——中国的信息技术产业有大约 8000 家服务提供商，但几乎 3/4 的企业员工数低于 50 人。前十大信息技术服务企业的市场占有率总计只有 20%。相形之下，印度十大企业占有 45% 的国内市场。②

——中国的钢铁市场大约注册了 4500 家企业。当然，前十大企业的市场占有率仅为 33%，只有五家企业的产能超过 500 万吨。相反，日本的前五大钢铁企业的市场占有率超过了 70%。③

——中国的前四大酿酒企业市场占有率为 10%，而美国的前四大酿酒企业市场占有率为 83%。

——美国每 100 户家庭平均有 6 家零售商，但在中国，每 100 户家庭有超过 12 家零售商。④

---

① Haixiao Pan, Mingming Hou, and Zhao Liu, "Shanghai Taxi," 2007 (www. ville-en-mouvement. com/taxi/telechargements/pptpan% 20gb/pdf); Sharon Owyang, *Frommer's Shanghai* (Hoboken, N. J. : John Wiley and Sons, 2006), p. 62.

② Giuseppe de Filippo and Christopher Ip, "Can China Compete in Global IT Outsourcing?" McKinsey on IT, Spring 2005 (www. mckinsey. com/clientservice/bto/pointof-view/pdf/MoIT4_ ChinaOuts. pdf).

③ Fiducia Analysis, "China's Steel Market: Latest Trends and Implications," 2008 (www. ducia-china. com/News/2008/200802/200802_ 01).

④ Peter Williamson, *Winning in Asia: Strategies for Competing in the New Millennium* (Harvard Business Press, 2004), p. 191.

　　这样的例子还有很多。给人的印象是，中国的制造厂商通常在生产上没有实现规模经济。尽管一些较大的中国企业在国内生产了数量巨大的产品，但往往其产地分散在各地，每处生产基地都未实现规模经济。它们之所以这样做，部分原因是为了应对各地对非本地区产品的限制。

　　这样的模式限制了宏观经济的效率。尽管有非常大的国内市场，但很多工厂的生产规模在最优效率之下，很多投资决策源自政治考量。这样的问题在各大经济体都或多或少地存在。在中国，这些问题在很大程度上造成了低效的经济增长。

　　2. 知识产权

　　破坏知识产权是另外一个问题，它在现行政治经济模式下有所恶化。中国已经调整法律并签订国际条约，在理论上应当已建立起相对较强的知识产权体系。国家领导人也更加急切地希望建立更好的知识产权体系，因为他们越来越注重把中国建设成为他们所说的"创新型社会"。①

　　然而，时至今日，中国的知识产权保护仍非常弱。很多因素导致了这样的局面。例如，中国80年代前长期实行社会主义公有制，完全没有知识产权制度，因此需要从头开始在公众中建立保护知识产权的意识。事实上，中国千年以来形成了复制最佳模式要比独有的知识产权更重要、更合适的思维范式。

---

　　① "China Overtaking Japan in R&D Spending," *China Daily*, December 5, 2006 (www. chinadaily. com. cn/china/2006 - 12/05/content_ 750826. htm); "U. S. China Joint Statement," White House, January 19, 2011 (www. whitehouse. gov/the-press-of？？ce/2011/01/19/us-china-joint-statement); Sheryl Gay Stolberg and Mark Landler, "Obama Pushes Hu on Rights but Stresses Ties to China," *New York Times*, January 19, 2011 (www. nytimes. com/2011/01/20/world/asia/20prexy. html); "China Agrees to Significant Intellectual Property Rights Enforcement Initiatives, Market Opening, and Revisions to Its Indigenous Innovation Policies That Will Help Boost U. S. Exports at the 21st Session of the Joint Commission on Commerce and Trade," U. S. Department of Commerce, December 15, 2010 (www. commerce. gov/news/press-releases/2010/12/15/china-a-grees-significant-intellectual-property-rights-enforcement-ini).

此外，知识产权的概念和规则，甚至在发达工业化国家间及内部，在数字时代发生了快速的演变，很多人对此持不同的解释和认知。这使中国更容易认为自己对这一问题的某些特殊的关切需要得到国际社会认可。加上中国希望快速地、廉价地获取掌握在外国人手中的尖端技术的愿望，导致地方政府在知识产权保护上往往采取十分危险的做法。

每个目前的发达工业化国家都经历了一个广泛窃取知识产权为特征的发展阶段。① 但随着时间的推移，在这些经济体中，一些国内企业开发了有自主知识产权的技术，并逐渐在政治经济体系里足够强大，从而形成更为有效的知识产权体系。问题在于中国是否也在经历相似的过程，这一过程是否能随着政府的鼓励与支持、技术的逐渐发展而继续。

明确的指标已显示中国正在重复其他国家曾经经历的知识产权保护道路。一些中国企业研发新技术，并寻求通过专利来进行保护。例如，中星微电子有限公司是中国领先的无晶半导体企业。其北京的生产基地拥有 400 项专利，包括计算机和移动电话领域的先进产品和解决方案。中星微是全球领先的计算机摄像设备处理器供应商，占全球市场份额的 60%。它的客户及合作伙伴包括国际巨头，如微软、三星、富士通、罗技、西门子、索尼和联想。中星微成立于 1999 年，中国工信部投入了 1000 万元人民币（约合 125 万美元）作为帮助发展具有竞争力的中国自主技术的种子基金。② 华为是全球领先的电信企业，提供固话网络、移动网络和数据通信技术。它生产用于高

---

① 唯一的例外是英国，它是大多数知识产权的原创者，对它而言，没什么可以抄袭的。

② "Vimicro's Fresh Perspective, "*China Daily*, March 6, 2006(www. chinadaily. com. cn/bizchina/2006 – 03/06/content_ 535810-htm); John Deng, "Adding Value through Innovation, "presentation at George Mason University, October 17, 2006(www. law. gmu. edu/nctl/stpp/pubs/DengZhonghan_ luncheon. ppt) .

速互联网的优质数字通信设备，其新一代网络技术可以通过互联网传输声音、数据和多媒体信息。截至 2008 年 6 月，华为申请了 3.0568 万项专利，48％ 的华为员工从事研发活动。该公司也是全球五大第三代移动通信技术基础专利持有者之一。①

　　一些地方，如北京、上海、广州和深圳，聚集了大量上述企业。在这些城市里，知识产权保护已取得了显著的进展。国家领导人已经意识到，较弱的知识产权保护体系对中国本土企业通过自主研发实现技术赶超造成了不利的影响。② 但现有的政治经济模式使这些城市无法触及辖区以外的事务，同时也弱化了中央政府在地方的作用。当一些地方越来越多地从知识产权发展中获益，其他一些地方则成为违法仿冒的中心。③ 如同在上海的原创设备生产企业合法地创造利润和就业一样，仿冒企业在本地也产生利润并创造就业，地方政府采取行动保护它们避免遇到严重的法律问题。相关地方政府之所以能够比较有效地应对和保护破坏知识产权的企业，是因为知识产权侵权案件需要在侵权方所在地法院审理，而在较敏感的案件上，地方法院受到地方官员的控制。④

　　中国目前的政治经济模式是否将明显阻碍中国更好地保护知识产权，现在对其演进趋势作出判断尚为时过早。据报道，

---

　　① "Huawei: More than a Local Hero," *Businessweek*, October 11, 2004 (www. businessweek. com/magazine/content/04_ 41/b3903454. htm); Huawei, "Mutual Benefit, Harmonious Development," December 2, 2008 (www. paisdigital. org/files/huawei. pdf).

　　② 田力普（国家知识产权局局长），"IPR Strategy Key to Nation's Sustainable Growth," *China Daily*, June 15, 2009 (www. chinadaily. com. cn/business/2009 - 06/15/content_ 8284673. htm).

　　③ 如莆田市，参见 Nicholas Schmidle, "Inside the Knockoff-Tennis-Shoe Factory," *New York Times Magazine*, August 22, 2010.

　　④ Ryan Ong, "Tackling Intellectual Property Infringement in China," *China Business Review*, Vol. 36, no. 2 (March/April 2009) (http://proquest. umi. com/pqdweb? index = 17&did = 1667050071&SrchMode = 3&sid = 1&Fmt = 3&VInst = PROD&VType = PQD&RQT = 309&VName = PQD&TS = 1282661417&clientId = 13862&aid = 1).

现在中国的制造业产出中大约 15% 至 20% 的产品属于仿冒产品，较差的知识产权保护是外资企业在华的主要风险之一。① （这些风险在海外也存在，中国的仿冒产品，从光盘、音响、飞机零部件到药品充斥于国际市场。②）

如果不改变现有的政治经济模式，中国作为科技后来者实现赶超，并建成创新型社会的努力将受到阻碍。从当前经济向更具技术活力的方向转型的趋势看，政治经济模式下的知识产权问题对经济转型的影响十分严重。外资企业对中国较差的知识产权保护环境所持的审慎态度，使它们不愿满足北京发起的"自主创新"规划中对信息公开的要求。③

3. 腐败

腐败感染各级政府官员的行为，并在当前的政治经济模式下恶化。国家领导人长期以来把反腐败斗争作为事关中国共产党生死存亡的重中之重，实行了诸多措施，建立了众多监督机构和制度来打击这一毒瘤。④

---

①　这占了 GDP 的 8%。参见 Wayne M. Morrison, "China-U. S. Trade Issues, "Report for Congress, Congressional Research Service, June 3, 2009, p. 24(www. usembassy. it/ pdf/other/RL33536. pdf).

②　United States Trade Representatives 2010 Special 301 Report, April 30, 2010 (www. ustr. gov/webfm_ send/1906〔p. 19, para. 3, line 5〕). 关于美国发现的假冒牙膏, 参见 "Tainted Toothpaste More Widespread," CNNMoney. com. June 28, 2007 (http: //money. cnn. com/2007/06/28/news/international/toothpaste_ china/index. htm). 关于在巴拿马造成人员死亡的假药事件, 参见 Walt Bogdanich and Jane Hooker, "From Chinato Panama, a Trail of Poisoned Medicine," *New York Times*, May 6, 2007 (www. nytimes. com/2007/05/06/world/americas/06poison. html).

③　James McGregor, "China's Drive for' Indigenous Innovation': A Web of Industrial Policies, "report for APCO Worldwide, the Global Intellectual Property Center, and the Global Regulatory Cooperation Project of the U. S. Chamber of Commerce(www. apcoworldwide. com/content/PDFs/Chinas_ Drive_ for_ Indigenous_ Innovation. pdf).

④　"Senior Leader Stresses Combating Corruption," *China Daily*, April3, 2010 (www. chinadaily. com. cn/china/2010 – 04/03/content_ 9683443. htm); Richard McGregor, *The Party*: *The Secret World of China's Communist Leaders* (New York: HarperCollins, 2010).

过去 30 年来意义深远的变化破坏了社会的道德基础，造就了很多金主，其中也包括政府官员。政治经济模式造成了经济权力与政治权力之间的高度依赖。礼品和未公开的股权及其他形式的腐败已成为了当前体制难以根除的普遍特征。① 后果之一是使腐败成为系统性的、规模巨大的行为。当民众发现他们需要为原本应当免费的政府服务支付费用，怨恨也随之增加，尤其是对地方政府普遍不满。腐败引起的不公和缺陷刺激了潜在的社会及政治不稳定。②

4. 基础设施建设失衡

当前的政治经济模式在提高硬件产出方面的表现十分突出，但却在可能造成在运行成本增加的法律法规执行方面的表现不佳。基础设施建设大多由较高层级的政府提供补贴，创造建筑业就业机会，改善地方的商业前景。因此，地方领导人积极争取基础设施投资，中国造就了大量令人惊叹的基础设施项目。2008 年至 2010 年的扩大内需政策在这方面充分展现了体制能力，地方充分把握机会利用财政支出或银行贷款大规模地推进基础设施建设。③

一些人认为基础设施建设表现了中国在长期规划方面的固有关注，因为很多基础设施项目都有较长的偿还周期。但事实上，基础设施建设的动因实质是获得上级政府补贴、创造就业和实现增长等短期效应。因此，中国基础设施建设有为长期增

---

① Minxin Pei, "Corruption Threatens China's Future," Policy brief (Washington: Carnegie Endowment for International Peace, 2007) (www. carnegieendowment. org/files/pb55_ pei_ china_ corruption_ final. pdf).

② "China to Extend Anti-Corruption Fight to Non-Public Entities," *People's Daily* Online, February 22, 2010(http://english. peopledaily. com. cn/90001/90776/6899406. html).

③ David Barboza, "China Unveils Sweeping Plan for Economy," *New York Times*, November 9, 2008(www. nytimes. com/2008/11/10/world/asia/10china. html); Keith Bradsher, "China's Route Forward," *New York Times*, January 22, 2009(www. nytimes. com/2009/01/23/business/worldbusiness/23yuan. html).

长打下基础的重大项目，也有毫无用处的面子工程。国家领导人关注的是前者，而地方领导人建设的往往是后者。而且，经常会出现基础设施建成后运行效率不高的现象，因为其运行维护被视作成本，而项目建设则被视作是在短期内带动国内生产总值增长的手段。

　　5. 增长与环境

　　政治经济模式也使中国环保政策很难实施。在本书后续章节的详细讨论中可以发现，中国正面临着一场环境灾难。环境问题，特别是可用水的总体不足和分布不均，将被证明是中国必须解决的最大增长障碍。

　　政治经济模式趋向于将地方领导人与环境对立起来，赋予他们保证就业和增长的首要职责。因此，经常出现的情形是，当地方企业违反环保规定时，地方环保局对企业罚款并上交给地方政府，之后地方政府以某种形式返还给企业（如减免债务或提供补贴等）（见图 2 - 2）。这样的安排使各方都很满意：地方环保局履行职责对违法行为罚款，地方政府保证了就业和经济增长。

　　2006 年，国家环保局局长在新闻发布会上宣称，在 2003 年至 2005 年期间，全国违反环保法律法规的案件达到 7 万起。[①] 当然，他也指出，这其中只有 500 件受到处理。为此，他指责地方政府为了保护辖区企业而进行干预。实际上，他说，很多企业违反环保法律法规是在地方官员的坚持下，因为地方政府把国内生产总值增长作为了首要的目标。鉴于中国环境问题的严重性，本书在后续讨论中会反复出现的问题就是现行的政治经济模式产生制度缺陷，无法有效地实施一些相关的法律法规，这将长期影响整个体制的绩效。

---

　　① Elizabeth Economy and Kenneth Lieberthal, "Scorched Earth: Will Environmental Risks in China Overwhelm Its Opportunities?" *Harvard Business Review*, June 2007 (http://hbr. harvardbusiness. org/2007/06/scorched. earth/ar/1).

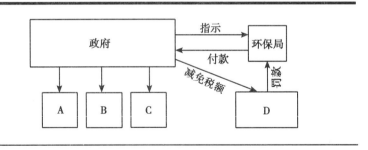

a. "政府" 指地方政府，A、B、C、D表示在该地方政府管辖范围内的某企业。

图2-2　地方的政治经济学

　　总之，目前的政治经济模式，对中国的经济奇迹已经并将继续做出突出的贡献，但也产生了诸多问题，如地方保护主义、破坏知识产权、腐败及无法有效实施环保法律法规。整个政治经济体制不但需要转向更加可持续的增长模式，同时也实实在在地增加了转型的难度。中国政治经济体制中的灵活性和巨大能力，既是中国的核心优势，也是中国的致命缺陷。

（二）构建一个社会保障网

　　中国不但对城市经济进行大幅度的私有化，而且也在城市中吸纳了大量的农村劳动力。这样的变化对城市政府在基本体制建设方面提出了诸多要求。

　　国有企业私有化已经大范围开展。在1998年至2005年期间，有超过9万家企业的约11万亿人民币资产被私有化，涉及中国国有企业和国有资产的2/3。① 但国有企业曾作为提供诸多政府服务的平台，如养老、健康保险、社会福利和就业保障。随着众多国有企业转制和剩余的国有企业担心自己的市场

---

① 　Jie Gan, Yan Guo, and Chenggang Xu, "What Makes Privatization Work? The Case of China," HKU conference paper, September 2008 (www. sef. hku. hk/events/conferences/jes2010/paper/GGX_ China_ 20privatization_ 9 – 24 – 08. pdf).

竞争力，基本社会保障网遭到极大地破坏。

中国正在尝试用 10 年至 15 年的时间，构建西方国家用 50 年甚至是 100 年时间才形成制度体系来提供社会保障网。这样的尝试也恰恰是在城市每年吸纳约 1200 万农村劳动力的情况下进行的。

在中国的体制框架里，由国家政策对社会保障网事务做出规定，但具体的项目及其实施则主要留给城市政府依据自身的条件来执行。[1] 这样的授权对中国各城市政府的制度能力形成了很大压力。事实上，由于中国变化巨大且迅速，很少有城市政府能够有可靠的数理模型对自己未来的养老职责做出估算。此外，金融体系也缺乏允许中长期投资与对冲策略的机制，而这一机制对筹措未来政府职责至关重要。[2]

问题的底线是政府，尤其是城市政府的职责如此巨大，使它们中的很多离社会保障的要求相距甚远，以至于造成偿付或社会稳定风险。当中国正尝试弥合由建设具有竞争力的国有企业和私营部门为目的的市场经济转型而产生的裂痕的情况下，这种压力是十分巨大的。

（三）潜在的政治停滞和不稳定

中国政治体制本身是强大的和相对务实的。尽管在很多领

①　Athar Hussain, "Repairing China's Social Safety Net," *Current History*, vol. 104, no. 683 (September 2005): , pp. 268—72 (http://proquest. umi. com/pqdweb? index = 43&did = 889894011&SrchMode = 1&sid = 2&Fmt = 3&VInst = PROD&VType = PQD&RQT = 309&VName = PQD&TS = 1277938539&clientId = 13862).

②　参见 Diana Farrell, Susan Lund, and Fabrice Morin, "How Financial System Reform Could Benefit China," *McKinsey Quarterly*, June 2006 (www. mckinseyquarterly. com/ How_ financial. system_ reform_ could_ bene??t_ China_ 1785); Diana Farrell and others, "Putting China's Capital to Work: The Value of Financial System Reform," McKinsey Global Institute Report, May 2006 (www. mckinsey. com/mgi/reports/pdfs/china_ capital/ MGI_ chinacapital_ fullreport. pdf).

域是高度分权的，但国家领导人在必要的时候完全有能力行使权威。他们向各省提供充足的资金，独具批准国际金融机构项目资助的权力，能够通过法律法规和宏观经济政策，任命所有省级领导人（反过来，省级政府向下任命地市领导人，类似地逐级任命），控制大规模有能力的警察、武警和军事力量。此外，他们能够非常有效地采取措施，在地方不稳定事件发生之初平息它们。①

在正确的条件下，整个体制可以以集中并有序的方式运行。当最高领导人同意某一事项，认为该事项头等重要，且可以用适时的标准来判断命令是否在正确执行时，整个体制将比任何其他发展中国家都更加高效地做出响应。这是长期以来形成的事实，例如，计划生育政策以及国家领导人对 2003 年的"非典"危机做出的严厉反应。当然，鉴于领导人面对的诸多挑战，且短期内很多政策难以得到准确评估，很少有政策能够完全满足前面指出的三个标准。

中国共产党因此极其擅长保持自身的权力，并在威权体制框架内建立灵活的、具有竞争力和企业家精神的体制。但就保持总体稳定的体制而言，存在一个致命缺陷。在很大程度上，整个体制要求作为最高领导人的九位中央政治局常委在任何紧迫问题上不能有公开的分歧。如果他们出现公开的分歧，那么社会紧张局面会迅速形成，可能导致大规模的社会不稳定。因为社会紧张现象始终大量存在，领导人公开的分歧对于民众则意味着至少在一定时期内武装力量是瘫痪的。

中国领导人知晓一句西方格言对于他们的适用性——我们必须团结一致，否则我们将被一个个绞死。尽管他们的个性与

---

① Philip Pan, *Out of Mao's Shadow*: *The Struggle for the Soul of a New China* (New York: Simon and Schuster, 2008), pp. 113—46; Kenneth Lieberthal, *Governing China*: *From Revolution to Reform* (New York: W. W. Norton, 1995), pp. 314—21.

政策偏好不同，但他们都谨慎地在公开表达意见前达成内部共识。这种表面上的共识可以应对绝大多数问题。但如果出现危机，而他们无法弥合认识差异，那么这一体制将表现出其脆弱一面，可能引发大规模的政治不稳定。这种不稳定将对中国的商业环境及外交方面产生极其不利的影响。

实际上，必须时刻牢记，中国的政治领导人正在进行非常大胆的转型，其速度和规模本身就会引发持续的、较高程度的社会紧张局面。特别是中国在同时实行其他国家从未尝试过的五个转型。中国的领导人并不是盲动，这些惊人的努力证明了推动中国现代化的雄心与胆略。

这五大转型是：城市化、私有化、市场化、国际化和信息革命。每项转型的规模都令人叹为观止：

——如前所述，城市化包含了每年大约 1200 万的农村向城市的劳动力转移。历史证明这一转移往往带来社会性不稳定，在此过程中家庭分离，社区价值体系崩溃，工作本身的性质也发生根本性的变化。[1]

——对既有的国有企业进行私有化及相关改造，使其成为市场中更富竞争力的主体，导致 1998 年至 2005 年期间工业部门的劳动力累计减少 4000 万人。[2] 这些工人构成了中国的工业贵族，拥有令人梦寐以求的城市国有部门工作岗位。美国 2000 年至 2007 年间减少 300 万制造业就业岗位，导致了巨大的紧张与政治反响。[3] 中国同美国一样，这样的裁员压力反映了制造业劳动生产率的上升，但在中国这种压力直接源于政府行为。

---

① William Kornblum, *Sociology in a Changing World* (Wadsworth Publishing, 2004), p. 570.

② Xiaolu Wang, "Rethinking Thirty Years of Reform in China: Implications for Economic Performance," in *China's Dilemma: Economic Growth, the Environment, and Climate Change*, edited by Ligang Song and Wing Thye Woo (Brookings, 2008), pp. 164—65.

③ Martin Neil Brady, Brookings CEO Conference presentation, November13, 2009.

——市场化使市场力量延伸到以往曾受到极大保护的经济与社会部门。这使中国更有效率，但同时也极大地降低了很多人的安全感和可预测性。①

——全球化总是带来张力，因为它引发经济社会中的诸多变化，包括财富与机会分布的变化。美国或许是全球化的最大受益者，但即使是在美国，民众对经济社会变化过程的不满也搅浑了政治生态。② 与中国的变化相比，美国的变化显得黯然失色。中国政府确信，由通信、交通和数据处理等领域的技术革命带动的全球化，是一股未来势不可挡的潮流，超越任何政府的掌控。中国领导人决定顺应潮流，实现更加美好的未来。这意味着要在未来的时间里应对全球化导致的紧张局面。

——信息革命也在席卷华夏，中国政府在各地都在推动其发展。改革开放前，中国是信息化程度最低的社会，当时的政治体制有意把人们封闭在工作单位中，不允许他们与其他民众发生过多的联系。③ 在 20 世纪 90 年代下半期，中国政府曾积极地考虑是否限制新兴的信息平台以控制民众具有超越政府宣传的能力，但中共最终认为现代经济体无法容忍这样的信息限制。2010 年，中国的移动电话系统比美国更为先进，截至 2010 年 1 月互联网用户达 3.84 亿人，中国是全世界互联网用

---

① 　Mary Gallagher, *Contagious Capitalism*: *Globalization and the Politics of Labor in China* (Princeton University Press, 2005).

② 　关于对全球化的常见反对，参见 Andrew Kohut and Richard Wike, "Benefits and Drawbacks of Trade and Integration," *Harvard International Review* Online (http://hir. harvard. edu/index. php? page = article&id = 1727&p). 关于 1999 年西雅图世界贸易组织会议上的反全球化抗议，参见 Brian Knowlton, "Pepper Spray Used on Seattle Throng: WTO Delays Talks as Police Rout Protesters," *New York Times*, December 1, 1999 (www. nytimes. com/1999/12/01/news/01iht-wto. 2. t. html). And on antiglobalization protests at IMF meetings in Washington, see "Washington Is Seeking Support to Handle Protests at 2 Meetings," *New York Times*, August 18, 2009 (www. nytimes. com/2001/08/18/us/washington-is-seekingsuppor-to-handle-protests-at-2-meetings. html).

③ 　Victor N. Shaw, *Social Control in China*: *A Study of Chinese Work Units* (Greenwood Publishing Group, 1996).

户数最多的国家。① 当然，政府会过滤一些网络信息，但中国百姓与外界交流及了解反对意见的能力已发生了本质的变化。没有人知道这一变化的最终政治结果。②

追求这些并行的诸多转型，即使中国的治理很完美，也会面对严峻的社会紧张局面，并可能导致重大的社会不稳定。这些转型在现实中伴随着中国从最平等的大国迅速转变为世界上最不平等的国家——由于通信革命，不平等现象更为显而易见——潜在地增加社会不稳定的可能。③ 普遍的腐败进一步加剧了社会紧张局面。

中国领导人仍决定在未来保持一党制模式，至少持续到他们所宣称的基本建成小康社会。他们采取多种手段处理政治问题：改善中共质量和执政，增加国家透明度，集中额外的资源来缓解社会不满，并逐步发展（有限的）"公民社会"。不同于建立多党竞争体制，他们觉得中共应当成为精英政党，并在党内有限的程度上开展民主化进程。④

一些领导人曾私下指出韩国和中国台湾可以作为仿效的对象。这些地方都经历了威权体制下的高速经济发展，在达到一定水平的人均国内生产总值后实现民主化。他们把印度视为负面的例子，民主允许经济发展中的失败者通过使用投票箱来争

---

① "China Internet Population Hits 384 Million," Reuters, January 15, 2010 (www. reuters. com/article/idUSTOE60E06S20100115).

② Rebecca Mackinnon, "Blogs and China Correspondence: Lessons about Global Information Flows," *Chinese Journal of Communication*, vol. 1, no. 2 (2008); Rebecca Mackinnon, "Flatter World and Thicker Walls? Blogs, Censorship, and Civic Discourse in China," *Public Choice*, vol. 134, no. 1 (2008).

③ C. Cindy Fan and Mingjie Sun, "Regional Inequality in China, 1978—2006," *Eurasian Geography and Economics*, vol. 49, no. 1(2008), pp. 1—20(www. econ. hku. hk/ ~ zli/ fan_ regional. pdf); Chen Jia, "Country's Wealth Divide Past Warning Level,"*China Daily*, May 12, 2010(www. chinadaily. com. cn/china/2010 – 05/12/content_ 9837073. htm).

④ 胡锦涛在党的十七大上的报告, October 24, 2007 (http://news. xinhuanet. com/english/2007 – 10/24/content_ 6938749. htm); Cheng Li, "Intra-Party Democracy in China: Should We Take It Seriously?" *China Leadership Monitor* 30, Fall 2009 (www. hoover. org/publications/clm/issues/70522952. html).

取自己的利益，从而抑制了经济增长。[①]

当然，问题在于中国大陆不是韩国或中国台湾。中国十分庞大，更为复杂，文化更加多样，也更难于治理。因此，对于一党制模式能否充分地认识到其政策引发的问题，能否对社会不满富同情心地做出回应以保证整体上的政治稳定等问题提出质疑，也是合乎情理的。印度显然难以推动高速经济增长和相关的社会变革，但与更具活力的威权国家相比，印度根深蒂固的民主政治体制使它总体上更为稳定。持续增长的社会不稳定问题，可能潜在地显著放缓中国的增长。

（四）资源短缺与环境

环境问题使社会不稳定局面进一步恶化，既是中国发展转型的动力，也是其障碍。如果现行的发展轨迹持续，国家的一些主要领域，包括国家资本，很快会发现其难以维持预计的人口规模和经济活动水平。

中国缺乏除煤以外的其他所有的自然资源。实际上，中国除了煤以外的其他自然资源的人均保有量都低于世界水平的一半（见表2-1）。这种情况已超出了石油和铁矿石等矿产和能源，并扩展到其他基础领域，如水、耕地、森林覆盖率和草场。例如，中国只有全球7%的耕地，并且每年以1%的速度减少，出现沙漠化或转为开发用地。这造成大量人口迁徙，并在农村社区产生了很多问题。[②]

多年以来，在国家经济总量较小的前提下，居民需求也十

---

① 作者访谈。

② Cheng Li, "Surplus Rural Laborers and Internal Migration in China: Current Status and Future Prospects," *Asian Survey*, vol. 36, no. 11 (1996), pp. 1124—25; Linden Ellis, "Desertification and Environmental Health Trends," Woodrow Wilson International Center for Scholars, April 2007 (www. wilsoncenter. org/index. cfm? fuseaction = topics. item&news_ id = 231756&topic_ id = 1421); Michael Casey, "Expanding Deserts Hurt Farmers in China," *Washington Post*, June 19, 2007 (www. washingtonpost. com/wp-dyn/content/article/2007/06/19/AR2007061901512_ pf. html).

分适度，没有超出资源的承受限度，资源匮乏现象并没有产生太大的影响。直到1992年，中国还是石油出口国。但近年来中国的快速发展使北京快速进入国际商品市场，以弥补国内的短缺。在中国对诸多自然资源的进口需求带动下，几乎全部消费品的价格都大幅上涨。[1] 2007年全球经济危机爆发后，这些消费品的价格暴跌，但随着经济恢复，这种上行压力又抬起头来。[2] 到2010年，持续高速经济增长使中国成为主要的资源进口国，并直接影响了北京的外交、安全和发展战略，必然使其更加注重高效使用自然资源。

表2-1　　　　　　　　中国和世界人均自然资源可使用量

地表和水资源	世界	中国
可再生水（立方米/人）（2004）	8549.00	2206.00
人口密度（人/平方千米）（2000）	45.00	133.00
农业土地（公顷/人）（2002）	0.25	0.12
森林面积（公顷/人）（2000）	0.64	0.13
石化燃料储量（2003）		
炭储量（吨石油当量/人）	79.40	45.70
石油储量（吨石油当量/人）	24.80	2.51

---

① Sarah Jane Tasker, "China Backstops Commodities Pricing," *Australian*, June 29, 2010 (www. theaustralian. com. au/business/china-backstops-commodities-pricing/story-e6frg8zx-1225885411736); Liam Pleven, "Flexing Muscle: China's Influence on Global Commodities Markets," *Wall Street Journal*, March 24, 2010 (http://online. wsj. com/article/SB10001424052748704117304575137921753267684. html).

② Clifford Krauss, "Commodity Prices Tumble," *New York Times*, October13, 2008 (www. nytimes. com/2008/10/14/business/economy/14commodities. html? _ r = 1&sq = commodity% 20prices&st = cse&adxnnl = 1&scp = 4&adxnnlx = 1296489819-NOgy0hZn01S4oXRnyNXvWg). 在2008年春天和秋天之间，小麦和玉米的价格下跌40%，原油下跌44%；金属，如铝、铜、镍下跌1/3或更多，参见Paul Krugman, "The Finite World," *New York Times*, December 26, 2010 (www. nytimes. com/2010/12/27/opinion/27krugman. html? sq = commodity% 20prices&st = cse&adxnnl = 1&scp = 14&adxnnlx = 1296490145-q + Pwx63AIHd9qUydCAqoyQ); John Waggoner, "Emerging Markets Have Commodity Prices on Upswing," *USA Today*, January 13, 2011 (www. usatoday. com/money/perfi/columnist/waggon/2011 - 01 - 14 - investing14 _ st _ N. htm). 在过去12个月，棉花上涨104%，白银上涨57%，原油上涨13.7%。

续表

地表和水资源	世界	中国
天然气储量（吨石油当量/人）	25.10	1.27

除特别注明，数据来自联合国发展项目、联合国环境项目、世界银行和世界资源研究所：《世界资源2005——穷人的财富：环境系统管理以战胜贫困》（华盛顿，2005年）（www. wri. org/biodiv/pubs_ description. cfm？pid =4073）.

a. 可再生水数据表示理论上各国平均每人最多可使用的淡水资源。

b. 农业土地数据来自《世界资源，2005》；2002年人口数据来自《2002年世界人口数据表》，人口参考局（www. prb. org/pdf/WorldPopulationDS02_ Eng. pdf）。

c. 森林面积数据来自联合国食品与农业组织：《全球森林资源评测2000》（罗马，2001年）（www. foa. org/forestry/site/fra2000report/en/）。2000年人口数据来自联合国秘书处经济和社会事务执行委员会人口部门：《世界人口预期：2004年修订版》（纽约，2005年）（www. un. org/esa/population/publications/WPP2004/wpp2004. htm）。2000年中国人口数据来自联合国亚洲及太平洋经济社会委员会：《2004亚洲和太平洋数据》（纽约，2005年）（www. unescap. org/stat/data/apif）。

d. 石化燃料数据来自《世界资源，2005》；2003年人口数据来自 Carl Haub，《2003年世界人口数据表》，人口参考局，2003年。

资料来源：李侃如：《国内因素如何塑造中国的大策略和国内影响》，载于《战略亚洲》，2007-08，Ashley Tellis 和 Michael Wills 编（西雅图和华盛顿：国家亚洲研究局，2007），第51页。经许可重印。

在能源方面，尽管做出了很多尝试，但中国仍无法彻底摆脱以煤炭为核心的能源模式。这本身带来了一些很大的问题。中国最大的煤炭基地位于干旱的北部地区，没有足够的水在开采时清洁煤炭。因此，污浊的煤炭运输到各地，一般在火电厂发电时也没有经过清洁处理，这进一步地加剧了污染问题。煤炭是目前中国最大的货运产品，占全国铁路货运的40%，公路运输的20%，水路运输的近25%。煤炭在中国过度紧张的交通体系中挤占了其他货物，成为抑制内陆地区经济发展的瓶颈。①

---

① David Lague, "Storms Expose Fragility of China's Rail Networks,"*New York Times*, January 31, 2008(www. nytimes. com/2008/01/31/world/asia/31iht-network. 1. 9639375. html); Peter Mattis, "The Strategic Vulnerability of China's Reliance on Coal," *Jamestown Foundation China Brief*, vol. 6, no. 8(2006) (www. jamestown. org/programs/chinabrief/single/?tx_ ttnews[tt_ news] =31576&tx_ ttnews[backPid] =196&no_ cache =1).

中国的石油 50% 依靠进口，其中一半来自中东地区。① 到 2020 年石油进口比例将达到大约 65%，到 2030 年达到 80%。② 对于石油安全的顾虑使中国在任何能够投资石油的地方都进行投资，这常常使中国卷入无法正常运转或敌对的国家，如苏丹和伊朗。这些顾虑也引发中国军方围绕是否需要大力投入发展一支蓝水海军来保护关键的能源通道展开激烈讨论。③ 这些变化都增加了中美之间的紧张与猜疑。

进口水资源是不可行的选项。依据国际标准，一个地区如果人均年水资源量为 2000 立方米则被认为是严重的水资源短缺，1000 立方米则是最低的生存需求。在这一背景下，中国的水资源问题是根本性的。其自然储量并不丰富，人均每年仅 2130 立方米（见图 2－3）。④ 这只是美国或欧洲水平的 1/4。⑤ 在分布不均和高污染的情况下，资源匮乏的挑战更为突出。

就分布而言，81% 的水资源分布在长江以南，但在这一区域只居住了 50% 的人口。因此，南方一般有比较丰富的水资源，但问题是在这一区域有严重的风暴和洪水。人口稠密的中国北方平原——从上海到北京，从沿海到几百英里的内陆地区

① 图为 2008 年数据。"China Energy Data, Statistics and Analysis," Department of Energy: Energy Information Administration（www. eia. doe. gov/cabs/China/Oil. html）. 运输煤炭以外的人和其他物资是中国大力发展高速铁路的主要原因之一。

② Wan Zhihong, "Crude Oil Imports Jump 33%," *China Daily*, February 11, 2010（www. chinadaily. com. cn/china/2010 - 02/11/content_ 9459982. htm）；World Energy Outlook 2007: China & India Insights, "Executive Summary," International Energy Agency, 2007, p. 9（www. physics. rutgers. edu/~karin/140/articles/weo2007. pdf）.

③ Robert S. Ross, "China's Naval Nationalism: Sources, Prospects, and the U. S. Response," *International Security*, vol. 34, no. 2（2009）, p. 65.

④ "Cost of Pollution in China: Economic Estimates of Physical Damages," World Bank, February 2007, p. 82（http: //siteresources. worldbank. org/INTEAPREGTOP-ENVIRONMENT/Resources/China_ Cost_ of_ Pollution. pdf）.

⑤ UNESCO（www. unesco. org/bpi/wwdr/WWDR_ chart1_ eng. pdf）.

遭受严重的分布性短缺。这里有 42% 的人口，但只占 8% 的水资源，人均年水资源量仅为 270 立方米。自 1990 年以来，这一地区的地下水位大约每年下降 1.5 立方米。[①]

　　北京处于十分可怕的短缺中，2007 年其人均年水资源量仅为 230 立方米（从 1949 年的 1000 立方米下降而来），地下水的水平面每年下降 3 立方米。[②] 而且，一些全球气候变化模型预计，中国北方平原的可用水资源将持续净降低，而南方遭受风暴和洪水的可能性将有所提高。中国正在建设"南水北调"工程，这是人类历史上最大的人工引水工程，将通过两条水渠从长江向京津地区引水。[③]

　　关于水污染问题，中国相当比例的地表水受到重金属等污染物的污染，并且无法经过处理作为他用。超过 90% 的主要城市地下蓄水层受到污染。[④] 非常少的地表水可以饮用，超过

　　① 人均数参见 Steven Mufson, "As Economy Booms, China Faces Major Water Shortage," *Washington Post*, March 16, 2010 (www. washingtonpost. com/wp. dyn/content/article/2010/03/15/AR2010031503564. html); Dabo Guan and Klaus Hubacek, "A New and Integrated Hydro-economic Accounting and Analytical Framework for Water Resources: A Case Study for North China," *Journal of Environmental Management*, vol. 88, no. 4 (2008), pp. 1300—1313.

　　② 人均数参见 "Beijing's Water Crisis: 1949—2008 Olympics," *Probe International*, Beijing Group, June 2008, p. v (www. chinaheritagenewsletter. org/016/_ docs/BeijingWaterCrisis1949—2008. pdf).

　　③ Steven Mufson, "As Economy Booms, China Faces Major Water Shortage," *Washington Post*, March 16, 2010 (www. washingtonpost. com/wp-dyn/content/article/2010/03/15/AR2010031503564. html); Jim Yardley, "Under China's Booming North, the Future in Drying Up," *New York Times*, September 28, 2007 (http://query. nytimes. com/gst/fullpage. html?res = 9C0DE5D8143AF93BA1575AC0A9619C8B63&sec = &spon = &pagewanted = 1).

　　④ World Bank, "Cost of Pollution in China: Economic Estimates of Physical Damages" (February 2007) (http://siteresources. worldbank. org/INTEAPREGTOPENVIRONMENT/Resources/China_ Cost_ of_ Pollution. pdf); Min Shao and others, "City Clusters in China: Air and Surface Water Pollution," *Frontiers in Ecology and Environment*, vol. 4, no. 7 (2006), pp. 353— 61 (www. frontiersinecology. org/specialissue/ESA_ Sept06_ ONLINE – 04. pdf).

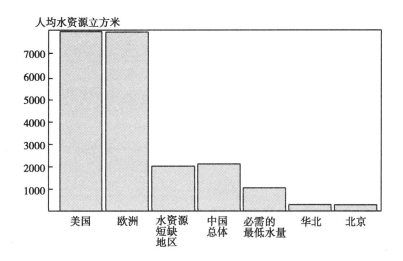

图 2 - 3　各地区年可用水资源量

3000 万的中国居民没有安全饮用水。① 近海污染尤为严重，并将对未来的海水淡化努力产生影响。②

分布和污染问题共同使中国产生了水危机。2009 年，661个中国城市中的 2/3 座城市面临水资源短缺问题。其中超过100 个城市面临严重的短缺，并缺少足够的水资源满足人民生活和工业运行。③

中国目前水资源利用效率很低，水资源节约存在很大的潜在可能，可以通过计量、计价、基础设施维护、源头污染防护和水利设施等方式来实现。但是，尽管出现上述变化，中国仍将面对严重的水资源短缺问题，特别是中国北方。

① Dexter Roberts, "China Faces a Water Crisis," *Businessweek*, April 15, 2009 (www. frontiersinecology. org/specialissue/ESA_ Sept06_ ONLINE - 04. pdf).

② Elizabeth C. Economy, "The Great Leap Backward?" *Foreign Affairs*, September/October 2007 (www. foreignaffairs. com/articles/62827/elizabeth-c-economy/the-great-leap-backward).

③ Hefa Cheng, Yunan Hu, and Jianfu Zhao, "Meeting China's Water Shortage Crisis: Current Practices and Challenges," *Environmental Science and Technology*, vol. 43, no. 2 (2009), p. 241 (http: //pubs. acs. org/doi/pdf/10. 1021/es801934a).

可用水的短缺已经对增长产生影响，并可能在未来几十年成为严重的制约增长和社会动乱因素。正如《华盛顿邮报》的报道，对水资源的争夺造成上游社区和下游社区之间、农民和工厂之间相互对立。在人们所关注的众多环境问题中，水资源匮乏可能将成为中国经济的"阿喀琉斯之踵"。与石油需求可以通过进口来补充不同，水资源需求可能将成为中国崛起过程中一个更棘手的威胁。①

上述问题构成了影响中国未来的主要环境挑战。中国的能源蕴藏和基础设施使其很难成为低碳经济体，其空气污染问题已经带来可怕的健康成本。水资源短缺正在动摇众多生活社区和地方经济，水污染不仅是工业的顾虑，也是导致居民患病的一个重要因素。气候变化显然加速了北方的荒漠化，并减少了可用耕地。这些问题对社会稳定所产生的影响也是值得思考的。

中国当前的政治经济模式的运行方式在兴建设施以缓解污染方面产生了显著效果，但却没有提供有效使用这些设施的激励政策。例如，2006年，由于地方领导人不愿使用本地资金来运行污水处理厂，北京"十五"时期建设的500个处理厂中的一半处于闲置状态。② 更糟糕的是，目前的政治经济模式还大幅限制了有组织的、政治性的、能够推动地方产生更实际的环境成效的绿色运动的发展。

三　外部障碍

外部舞台在塑造中国未来过程中发挥了显著的作用。中国

---

① Steven Mufson, "As Economy Booms, China Faces Major Water Shortage," *Washington Post*, March 16, 2010 (www. washingtonpost. com/wp-dyn/content/article/2010/03/15/AR2010031503564. html).

② Economy and Lieberthal, "Scorched Earth. "

政府把注押在借助全球化来提升自己的相对优势上，虽然中国希望更多地转向内需型增长模式，但仍然对国际市场对增加出口的接受程度和国际体系的任何显著变化非常敏感。

中国已经通过实质上以"20国集团"替代"七国集团"提升了其全球角色。但在2011年，国际经济危机引发的恶性反弹使保护主义压力显著增加。尽管中国目前正在努力向更加依赖国内需求的增长模式转变，但它也收紧了诸多市场的准入渠道，并强化手段使有价值的技术转让作为在中国经商的一个代价。① 中国从出口向内需的根本性的转变，尚需时日。② 如果一些中国主要出口市场的反华情绪转变为严重的贸易扭曲行为，这将影响中国未来的经济增长率。

鉴于目前在国际层面的能力与预期的重大变化，越来越多的国际性紧张局面几乎难以避免。很多中国领导人自2004年已经开始感到中国正处于成为全球主要力量的快速进程中，但直到2008年，这一趋势仍被认为至少要持续到2012年至2013年才能完成。全球金融与经济危机戏剧般地改变了现实，到2009年，中国已被视为能够对全球问题产生重大影响的国家。

当中国现在已成为具有全球影响力的国家时，却还未完全准备好发挥其全球作用。它更多地还是在关注通过国内努力来

---

① Joe McDonald, "US Group Says Worried about China Protectionism," *Business-week*, April 26, 2010（www. businessweek. com/ap/financialnews/D9FAIT500. htm）; Keith Bradsher, "Foreign Companies Chafe at China's Restrictions," *New York Times*, May 16, 2010（www. nytimes. com/2010/05/17/business/global/17lobby. html）; "2010 China Business Climate Survey," American Chamber of Commerce in the People's Republic of China, April 2010（www. amchamchina. org/businessclimate2010）; James McGregor, "China's Drive for 'Indigenous Innovation.'"

② 出口对中国国内生产总值增长的贡献是一个引起争论的问题。关于这一问题很好的评述，以及作者自己的评估和方法参见 John Horn, Vivien Singer, and Jonathan Woetzel, "A Truer Picture of China's Export Machine: China's Growth Depends Less on Exports than Conventional Wisdom Suggests," *McKinsey Quarterly*（September 2010）.

建成现代经济，其外交政策仍是紧紧围绕这一任务。中国仍然对引领全球性议题感到不适，倾向于美国或其他国家发起倡议，而后中国回应。中国政府还需要很多年来提升其人力资本、制度能力和必要的敏感性，以全球参与者的方式来行事，在此过程中在国际期待与中国地位之间出现的摩擦很有可能在未来很多议题上仍很突出。

当中国环顾四周，美国是最重要的一个角色。这并不是全新的情况。美中关系自 1979 年建交以来取得了引人注目的发展。在最初，双方首要的关注是基于共同的利益来制约前苏联的威胁，在过去 30 年里，两国的关系已拓展并加深为双方的内阁机构（不限于外交、经贸和安全部门）建立起了经常性的沟通机制。在奥巴马总统宣誓就职的 2009 年，美中关系可以说已经是成熟的、坦诚的、广泛的，两国都积累了处理日常事务丰富的经验。

当美国环顾世界，如果美中直接能够以平行的方式合作或行动，那么很多重大问题变得更加容易处理；但如果两国背道而驰，那么则变得尤为困难。无论是处理伊朗核问题，还是气候变化、推动全球经济复苏、保持台海稳定和保证互惠的经济及贸易关系，情况都是如此。

中国的视角既相似又不同：在北京看来，美国对中国的成功非常重要，但同时也是中国最大的问题。例如，美国是中国最大的出口市场，但美国沉迷于奢侈的个人消费及化石燃料密集型生活方式，如大面积房屋、私人交通和大排量汽车，而这成为中国大众思维中的"现代化"定义。这使中国推广低碳生活方式的努力黯然失色。

在另一个层面，美国的军事力量部署于中国的大部分周边，并对中国的安全环境产生了显著的影响。亚洲国家把美国视为避免中国控制这一区域的保证。美国直接卷入中国一直尚未解决的台湾问题；在北京看来，美国也是令中国烦恼的新疆和西藏等少数民族地区出现问题的一个间接因素。

美国也是世界上最先进的高科技国家。美国的跨国企业和美国政府都关注知识产权保护问题，并在中国缺乏健全的知识产权制度的环境下限制技术转让，这直接导致中国自主创新战略的效果降低。

美国是自由、开放、民主社会以及法治和保护公民自主的样板，这引发中国有关政治体制和社会进行必要变革的不受欢迎的争论。美国寻求在全球范围内推广民主价值和公民自由，这与中国领导人印证威权政治体制可以成功实现经济和社会现代化的期望相矛盾。

简言之，由于美国的总体优势、科技实力、全球参与和经济能力，美国对于中国实现其目标而言是至关重要的。北京的领导人完全知晓这一点，并寻求与美国建立起建设性的关系。①

但中国新近树立的国际形象和影响力，以及美国在国际经济危机中受损，使中国一些潜在的不满浮出水面，加深了双方的紧张关系。其核心在于，中国比过去强大了，这更加冲击了原有的信条，即必须从接受西方国家的体制与实践中听命于西方国家的需求，而这些模式可以说是为了西方自身利益而建立的。在中国眼中，美国就是这些西方国家的代表。

在大众层面，现在的一种普遍认识是，以中国提出的"综合国力"而言，中国已经大大地缩小了与美国的差距，势头在中国这一边。② 因此对国家领导人形成诸多压力，利用中国提升到的新地位，以改变美国在一系列导致过去美中关系紧张的

① 参见胡锦涛2011年1月20日在华盛顿所做的《建设相互尊重、互利共赢的中美合作伙伴关系》的讲话（http://news.xinhuanet.com/english2010/china/2011-01/21/c_ 13700418.htm）.

② "综合国力"是由国家经济、军事和软实力（体制、目标、价值观和风格的吸引力）构成的综合指标。

议题上的立场。这包括突出的台湾、西藏问题，美国在中国周边国际水域的军事行为，以及对技术转移的限制。

问题在于这一心理转变远非综合国力核心指标的真实写照。中国仍然是人均国内生产总值排在全球 100 位之后的发展中国家。[①] 美国军队具有真正的全球能力与经验，在各个领域都强于中国。美国拥有一批世界级的跨国公司，但中国尚没有。美国的高等教育体系拥有全球 100 所最好大学的大多数，具有较高的质量和深度，包括针对创新和解决问题的有效培训，而中国几十年后也难以达到这样的水平。另一点可能很重要的是，美国的人口结构（受到移民的影响）在可持续增长上要远优于中国。美国的自然资源基础远大于中国。美国的模式，尽管还有很多不完善的地方，但仍然比中国更具有全球吸引力。[②]

这些基本现实意味着当中国领导人力图改变美国长期形成的立场时，在很多情况下，美国坚定不移，而中国则很难做出回应。这样的态势并不令人吃惊，但却导致恼怒、沮丧，并使互不信任加深。

因此，尽管美中关系目前是成熟的、坦诚的、广泛的，但对对方意图根本的不信任并没有消除，甚至可以说在近年里还有所增加。双方都不会轻易采取根本上损害两国关系的政策，但两国的国内政治仍是一个潜在的严重问题。特别是在经济与贸易问题上，美国的跨国企业应当把美国国会视为他们的中国经营策略的潜在政治风险。

---

① 人均国内生产总值居第 128 位（采用购买力平价方法计算）。CIA World Factbook (www. cia. gov/library/publications/the-world-factbook/rankorder/2004rank. html).

② Kenneth Lieberthal, "Is China Catching Up with the US?" *Ethos*, no. 8 (August 2010）, pp. 12—16.

四　结论

从上述分析中，可以得出三个结论：

——中国出现的经济增长有其固有的根本性动因，这些动因在短期内不会改变。城市化、嵌入现行政治经济模式中的动机与机会，以及对社会向上流动成为中产阶级提供通道并给予回报的需求，反映出不会很快发生变化的基本面。

——中国当前的增长模式必须调整，以保证未来的高速经济增长可持续。这需要在政治经济模式上做出实质性的调整，需要最高领导人投入很多政治资本。如果没有这些变化，前文提到的障碍将继续增加。但目前还很少有信号显示领导人准备投入政治资本来应对这些问题，特别是在 2012 年至 2013 年中国迎来新一届领导人。结合越来越多的环境和自然资源约束形成的"伤痛"，未来 5 年至 10 年增长放缓的速度可能超出很多分析人士的预期。实际上，领导人在现有体制中采纳和实行结构性调整的能力，正很快成为未来增长的一个关键性问题。鉴于有关廉价劳动力、开放出口市场、环境可承受度、对日益严重的腐败和不平等的容忍的假设，现有的模式不可持续。至少在未来几年里，发展前景将与最近更为相似，而非"十二五规划"中的国家政策建议的那样。

——中国提供了一个具有相对高风险的商业环境。潜在的社会和政治不稳定、环境事件，以及国家对经济普遍的干预，所有这些造成了一种需要缓解战略的特别风险。美中关系也可能会成为实质性商业风险的一个来源。

前文提到的未来增长的有利因素和障碍，对于跨国企业而言都意味着机会。除了理解这些宏观因素的商业含义外，企业必须形成特殊运营环境中的基本路线图，从而使自己的成功机会最大化。很多在华运营的跨国企业把党政体系视为黑箱，仅仅依赖于个别官员从中斡旋。在现实中，尽管中国不是很透明，但了解党政体系中有关企业商业需求的核心要素并积极利用这些要素实现企业成功经营仍然是可能的。我们下一章讨论的议题，将会使这些要素更加透明。

第三章

经营环境

一　权力路径
二　解读党政决议

尽管市场机制决定大多数的零售经济结果，中国政党仍深入、普遍地参与在中国经济中。中国的政治体制极其复杂，行政运行机制因地而异。这一政治体制涉及的架构关系难以一概而论。

但是，中国政治体制的核心——包括施政原则，没有公开发表过但是为人所知，这对于在党政间有效运作是至关重要的。因此，如果企业家能够洞悉这些方针与运作结果，便能在难以捉摸的党政"黑箱"中恍然大悟。如果某些人能谙熟这种运行机制，便可引导相关政府官员做出对自己有利的决定，从而趋利避害。第二章介绍了中国的五个行政层级和在这个庞大的政治体系中的一些约定俗成的权力运行规则。这一章我们将介绍中国政治体制中那些更为深层、鲜有公开的官僚政治渠道及其中的权力集中与分配。

一 权力路径

如第二章所述，中国共产党决定重大政治方针与人事任免，而政府是负责执行党制定的方针政策。① 如今，国家的立

---

① 更多详细内容，参见 Kenneth Lieberthal，*Governing China：From Revolution through Reform*，2nd rev. ed. （New York：W. W. Norton，2004），pp. 169—242.

法机构（"全国人民代表大会"）和司法部门正不断发展完善，对法律权威也有更多的口头强调。当没有涉及国家和地方重大政治利益时，法律可以发挥其效力。但是，法院的职能仍有待完善，当党的相关领导机构指示做出其所希望的判决时，法院不得违背党的决定。[①]

　　在这一体制中，政府的各项活动正在逐步透明化，并成为跨国公司关注的焦点。相比之下，党的活动是内部的，并未由官方对外公开。然而，中国共产党作为执政党已不再是革命团体，人们对其内部人员和组织构成的了解程度与日俱增。[②] 此外，媒体对党重要机构的会议及其决议给予越来越多的关注。对这些相关信息给予足够关注，可以让人发现新的政策走向和官方用语。

（一）组织结构

　　党和政府的基本的组织机构在中央、省、自治区、直辖市乃至市、县、镇基本相同。各级党的委员会由党委书记领导，各级党委书记无一例外的是该地区的一把手。党委也基本由当地党组织和政府要员构成。同时，一些组织机构直接隶属于党委，例如组织部，直接左右党内外公职机构的人事调动。还有

---

① Richard McGregor, *The Party: The Secret World of China's Communist Leaders* (New York: HarperCollins, 2010), p. 15. 另参见 Cheng Li, "China's Communist Party State: The Structure and Dynamics of Power," in *Politics in China: An Introduction*, edited by William Joseph (Oxford University Press, 2010), pp. 176—77.

② 这一变化由胡锦涛在 2004 年 9 月的中共十六届四中全会上宣布，但事实上它自上世纪 70 年代晚期开始已经历了很长时间的演进。胡锦涛的讲话摘要参见 *People's Daily* (http://english. peopledaily. com. cn/200409/26/eng20040926 _ 158378. html). 另参见 Brantly Womack, "Democracy and the Governing Party: A Theoretical Perspective," *Journal of Chinese Political Science*, vol. 10, no. 1 (April 2005), pp. 23—42.

党委宣传部、处理党员腐败和其他违纪行为的纪律检查委员会等。①

政府领导机构由一名正职领导（在国家层面为总理，省一级为省长，市、地级市为市长，县一级为县长）和多名副职领导（副省长等）组成。政府的副职官员专职负责某一个或几个方面的政府事务，例如市政建设、环保、工业等。在中国，这种制度安排被称为领导班子的分工负责制。与中国各级政府行政上的其他特点一样，领导班子的分工负责制也是一个公开的"秘密"。通过询问相关政府工作人员便可进一步了解其领导机构的一些具体分工。这样做很重要：与一位副职领导交谈，实际上他不是你所关注问题的直接负责人，交谈是融洽的，但得不出你所希望的结果。②

（二）行政级别

行政级别设置是中国官僚体系的另一要素（表3-1）。党和政府的各级公职机构、国有企业、传媒机构、出版公司和几乎所有学校、研究所、医院、博物馆等，都无一例外地遵循行政级别排位。这一体系贯穿全国上下，如国有企业的干部级别设置与地方政府和其他公职机关大体相同。

行政级别设置与领导班子分工负责制一样，没有公开出版，但也不是秘密。因而，弄清与你的生意相关领域的单位的级别，是很重要的。因为在中国，政治体制中的一个行事准则就是不同级别的单位各司其职，不允许对上级机关或平级单位发号施令。这种行事准则影响广泛并且解释了那些体制外旁观

---

① 请注意，中国共产党的宣传机构在教育、媒体、卫生（由于一些历史原因）领域也担负职责。

② Kenneth Lieberthal, "China's Governing System and Its Impact on Environmental Policy Implementation," *China Environmental Series* (Washington: Woodrow Wilson Center, 1997).

者的很多不解。下面就具体介绍。

表 3 - 1　　　　　　　　　　政府机构的行政级别设置

中央	省	县
国务院		
部	省	
署	委员会	
司/局	省部门；地级行政区	
处	处	县

a. 国有企业可以是任一级别。

——省与国家部委是同一级别。因此，尽管从国家级的组织表格上看，部委在省之上，各部委领导不能对省级领导发布政令。

——领导全军全党的①党中央与最高人民政府即国务院处于同一级别。因此，国务院无法发布军令，只有党中央的最高领导机关——中共中央政治局（在党中央和国务院之上）能够领导它们。隶属国务院的国防部并非直接掌控军队，其主要职能是接待来访外军官员，他们可能对由一个共产党部门接待感到不适。

——国有企业的行政级别设置可大致反映出其规模和重要性。一些国有企业是省部级单位，因此各部委不能对其发布政令。国有企业单位级别高于当地政府的情况并不少见，当地政府不得对其发布命令。例如鞍山钢铁集团公司，行政级别即高于鞍山市政府。

——在中国的学术界，如中国科学院、中国社会科学院，它们享有国家部委同等的行政级别，因而比其他任何高等院校更具影响力，后者并没有享有部委级别。一所高校是教育部直属高校或是当地政府所属高校，也反映出高等院校之间的级别

_____

① 这一委员会是军事委员会。

差异。

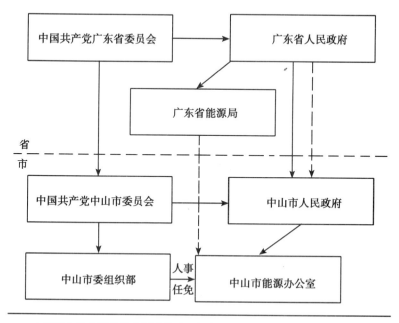

a.中国把实线表示的称为领导关系；虚线表示的称为业务关系。

图3-1　权力结构图

行政级别设置与分工负责制的产生是对政治权威的一种实质性的解构，甚至解构。同时，也给一些行政手段留下了操作的空间，进而又在政治体系的层级中构成微妙的"交易"性质（参见第2章）。

（三）权威格局

管理方式进一步将政府结构复杂化（图3-1）。一级机关并不一定可以自行命令下级机关，即便是在其职权管辖范围内的也不一定能实现。

中国有全国性的功能性机构，例如，从国家到乡镇各级均有环保机构（名称可能叫部、局等五级公共管理机构）。国家级以下，每个这样的功能机构都有两个潜在的领导：地方政府

（如省环保局，归属于省政府），或相同的更高级别的机构（如省环保局归国家环保部部署）。

总的说来，过去 30 年的改革使地区政府在其管理范围内拥有管理其专业机关的职权。因此，通常省环保局将直接受本省政府的领导，而与国家环保部只有咨询关系。但也有例外，如公共安全系统中的公安力量由各级地方控制，但国家公共安全系统高度集中（就图 3－1 而言，各级之间是垂直的实线）。国家领导可能因在一些领域的权利过度分化而感到不悦，因此他们可能将部分或全部决策权重新集中。

因此，对于商业经营来说，理清相关各级机构的上下级关系尤为重要，这样便可明确相关单位的级别。理清关系的方法是咨询，这些信息并不在管理机构图上标明或是公开的，但也并非机密。中国将这种实线关系称为"领导关系"（图3－1），而虚线部分称为"业务关系"。一个机构在广东省的此类官僚网分布见图 3－1，如果结合上文关于级别、分工、"交易"的陈述，在这个图中可以看出在中国这个权威政治体制下权威的线路、灵活性、激励机制。这种示意图对于有效处理与政府的关系以支持跨国企业的项目和商业计划，尤为重要。

（四）建立共识

实际上，大多数实质性的经济提议若能获得通过，需要得到一个或者更多的分工不同的管理部门的同意。通常，关键问题是并没有哪一个人可以命令多个管理部门同意而使得这个"交易"生效。当然，从理论上讲，如果有人可以影响到很高的国家级部门，确实有人可以独自一人命令即可使其生效，但这很少发生。高层的领导者担心争议过多，因而通常选择让下级机构自行决议。此外，那个"交易"实际上基本排除了上级直接参与下级决策，他们很少愿意做这样的事。因此，这样的行政等级制度意味着在一个提议或者一个项目的中国这方至少有两个关键参与者，即使是国有企业也如此，而且一个人不能主宰另一人的决定。

"交易"、分工负责制、级别设置，以及复杂的行政领导关系、业务关系，使政府不得不花大量时间以形成内部共识，以推动每项提议的进行。这种共识建立的过程可以被大幅拖延，在很多情况下，体制的特殊结构赋予了一个非常坚定的人一票否决的能力。

因此，确定谁是一项决策的参与者，一个议题经过谁的认可才能够得以继续，最好是明确每位参与者的立场，这对一个跨国公司来说十分重要。有经验的跨国公司可以帮助促进达成必要的内部共识。在对政府结构关系的了解中，提出合适的问题，如关于级别设置、行政领导或业务指导关系，则可以揭示政府内部机构的轮廓。通过问这样的问题也向中国行政人员传达了一个信息，即与他们往来的外国人了解中国行政系统，并可以起建设性作用。

同时，跨国公司必须认识到，在中国系统内树敌是非常得不偿失的行为。因为一般在中国的项目要获得内部共识才能得以继续，政府管理系统内坚定的敌人常常可以使一个本来困难的任务变得彻底不可能。

二　解读党政决议

2006 年 4 月胡锦涛主席访问华盛顿时，布什总统的头等大事之一就是使其同意增加中国国内个人消费。拉动内需可能导致巨大的副效应，尤其是降低美国对华贸易赤字这种敏感的政治问题。

胡主席访问后，一位白宫官员向笔者表示，白宫很高兴胡主席承诺在回国后"提出一个扩大内需的特别呼吁"。然而，不幸的是，白宫并不理解"呼吁"的具体含义——它并不需要被实施。得到一个理想的决议是一回事，理解其含义则是另一回事。并非所有"决定"都有着一样的操作内涵。而所有的决议成为切实可操作的，需要一个过程。

（一）并非所有决议都是等效的

每一个中国的官方决议都会有一个提示决议的接受者该如何执行的名称。如，"决定"必须被严格地执行；"指导意见"要求实际执行单位把地方因素考虑在内制定方案，并将方案提交给上级部门，在获得通过后方能执行；"通知"引起对相关问题的注意，但它并不含有执行性的决定；"意见"只是传达一些高层领导的想法，但表明目前尚没有决议……①如果想了解究竟在发生什么和应该期待什么，那就应该注意看清这些决议的名称，以便了解下级单位将如何执行该决议。

（二）条例的重要性

此外，对于党和国家各个层级的大多数事务，国家决议将指明事务发展的方向，但它的概括性使它并不能指导具体的实施。因此，官员通常等待真正的实施条例颁布后再具体地执行。这些条例往往需要经过几个月甚至几年时间的起草和修改，随后在党政机构的传达过程中不断地修改、修订。总体而言，只要其不与上级的明文规定冲突，地方官员可以自行调整特定的细节。

因此在很多领域，国家层面颁布一系列决议和条例，这些决议和条例相对较为笼统，而后在国家体制中的各级机构根据自身情况，补充加以调整的细则。以计划生育为例，国家设立一个年度目标，随之分配至各省，再分配到各市，再到各村、乡镇。镇政府将指标分配到其管辖范围的各村并执行。这种基本方法用于节能目标等许多的领域。这一体制，如第二章所

---

① 中文的词汇分别是命令、指示、通知和意见。

述，为市一级政府带来了制定细则和具体实施的巨大负担（如养老金和福利这种重大事项）。这也意味着地方条例在多数议题上，不同地区会有很大差异。因此，理解不同地区的规章制度就显得尤为重要。

（三）地方政府的权利和职责

即便在约定俗成的"交易"下，同级政府的权职也不尽相同。因为中国宪法没有赋予任何地方政府任何不可撤销的权力。因此，特定的地方政府究竟拥有多大的权力范围，是一个政策问题，而不是一个严格的法律问题。

在这种情况下，各级地方政府愿意用大量的经费游说其上级，以获得现有规章的豁免或是自由做出决定的权力也就不足为奇了。中国经济早已足够复杂，但是可以从加强五级政府权力和职责的系统化中获益，这仍然没有发生。

现有体制的一个现状是，它使得各级官员吁请上级给予更大的决策权（当然，因此可以获得更大的物资支配权）。这个体制的另一个后果是，企业需要确认一个地方政府的领导人究竟是否拥有批准某些项目的权利。

（四）政府可及之处

中国党政所及各领域之深远是大多数美国人难以想象的。如上文所述，中国所有的国有企业、传媒机构，几乎所有学校、医院、研究所、银行等都遵循公职机关的行政编制。这意味着国企主管为企业创收而付诸艰辛的背后，其最终目标可能是晋升为省部级官员。①

①　Cheng Li, "China's Midterm Jockeying: Gearing up for 2012, "part 4, "Top Leaders of Major State-Owned Enterprises, "*China Leadership Monitor* vol. 34 (February 22, 2011) (http://media. hoover. org/sites/default/??les/documents/CLM34CL. pdf) .

虽然各有所长，而且职业基本分布在几大功能性领域，但那些有可能成为党和国家领导人的候选人，大多曾得到在中央、地方党政机关和央企重要岗位的有意任用。这使得很多"企业领导"对国家政策形势和导向极其敏感。理解这些政策优先选择，能够用最高的国家和地方领导所用的语言和目标来表述自己的商业计划，可以帮助企业为经营审批及与大型国企甚至政府的合作消除障碍。

任何志存高远的中国人在攀登权力地位的过程中都无法回避这个政治体制、私营企业主（虽然相对不是很直接）、党政机关干部和国企高层，无一例外。中国人自然而然地迎合这种政治体系，而大多数外国人并没有意识到这一点。跨国公司的执行官们理应洞察这一点并灵活适应，使之为我所用。现实情况是，外国人在华遇到的大多数问题都来自于大环境中繁复的官僚和政治体制。

总而言之，中国的政治体制中有很多"门道"，跨国公司的执行官们应该了解如何改善经营为己谋利。这种政治复杂性意味着需要做许多额外努力，而其灵活性意味着尽职能带来巨大回报。理解并适应中国人的政治体制，可能给在华跨国企业的战略带来巨大的竞争优势，令那些"没有做好功课"的外国企业家望尘莫及。

第四章

跨国公司战略的必要调整

一　定位公司在中国的战略

二　与政府的关系

三　消费品的开发

四　人力资源

五　区位战略

六　市场营销

七　结论

以上概述对于跨国公司的战略意味深长。本章重点强调影响每个跨国公司中国战略的关键组成因素：中国战略在公司整体运营中的定位、与政府的关系、产品开发、人力资源、区位战略，以及市场营销。结论是在中国获得竞争成功是有可能的，但这一成功的关键是要对许多核心的公司行为进行关键调整。

一　定位公司在中国的战略

从理论上来说，多数跨国公司的中国战略管理经历了三个大的发展阶段。在第一阶段，中国就好像一种特殊的动物，大多数公司在世界其他地方开发的程序和做法基本上都被认为不适合中国战略。在第一阶段，跨国公司的产品或许在中国是成功的，但其正常的经营模式尚无法直接照搬。

在20世纪80年代和90年代，几乎所有的跨国公司在中国的经营都处于第一阶段。它们的产品和技术在中国受到高度重视，但中国的体制与一个拥有严格的法律和规章管理行为、维护权利的制度化的市场经济如此不同，它们原本"正常"的做事方式不能带来期望的结果。每家公司都不得不开发出独特的策略和标准来衡量其中国战略的成功。

第二阶段是当中国自身特点已经演化到跨国公司能够充分

利用公司经营上的优势，而不仅仅利用产品作为竞争优势的阶段。他们很多相关的知识需要做出适应性调整，以便在中国有效运营，但中国已经不再是一个完全特殊的地方了。到 2011年，大多数公司处于第二阶段。正如下文所解释的，中国依然独具特色，故而充分考虑在中国经营所需做出的重要调整是必要的，但是公司在很多领域在世界其他地方的经营发展中获得的教训和能力在中国都是可以作为竞争优势的。

　　在第三阶段，企业不再需要为中国做出比在欧洲或者其他地方更多的适应性调整。也就是说，尽管需要考虑到特定的制度、法律、规章和文化的不同，但就整体而言，公司可以像在其他国家一样地在中国处事，在中国的运营也可以完全纳入公司的全球战略。对于几乎所有公司而言，第三阶段仍然是未来。只有部分例外——而且仍在初级阶段——是在研发运营方面，许多主要的西方跨国公司，例如美国通用电气公司、美国通用汽车公司及微软等，已经在中国建立了先进的研发中心，并且已经将其纳入全球的研发战略。① 然而，即使在这一有限

---

　　①　"Western Corporations Move Key Offices to China," *People's Daily* Online, December 15，2009（http: //english. people. com. cn/90001/90776/90883/6842840. html）. 具体例子参见 Keith Bradsher，"China Drawing High Tech Research from U. S. ," *New York Times*，March 17，2010（www. nytimes. com/2010/03/18/business/global/18research. html；"Dolby Laboratories Opens Research Center in China," Associated Press，June 22，2010（http: //news. yahoo. com/s/ap/20100622/ap_ on_ bi_ ge/us_ dolby_ laboratories _ china _ lab）；清华大学 BP 清洁能源研究与教育中心（www. bpcenter. tsinghua. edu. cn/）微软亚洲研究院（http: //research. microsoft. com/en-us/labs/asia/default. aspx）在北京市的海淀区。这里的研究关注用户界面、下一代多媒体技术、高速运算、搜索和在线服务、计算机基础理论。通用电气中国技术中心（http: //ge. geglobalresearch. com/locations/shanghai-china/about/），位于上海，是集团的四个跨学科研究中心之一，从事前沿研究、工程师发展，以及为通用电气的全球业务提供支持。自 2000 年成立以来，这一研究中心建立了超过 20 个实验室。2010 年 7 月，通用汽车在上海建立高等技术中心（http: //media. gm. com/content/media/us/en/news/news _ detail. globalnews. html/content/Pages/news/global/en/2010/0719_ shanghai），它将为通用汽车设计新车，为通用企业提供本地和全球解决方案，是通用企业全球工程与设计网络的一部分。

的领域，中国自主创新政策仍然有可能产生严重问题，而且这些跨国公司的研发中心大多都采取了一系列特殊的专门针对中国的措施，来保护自身的知识产权。

这三个阶段对于跨国公司中国战略的制定有不同的影响。大多数在20世纪80年代和90年代开始发展中国业务的公司，一开始都允许其全球业务在中国独立运营，追求销售并且有时联合合资伙伴一起在当地生产，从而为其全球运营提供资源。特定公司内部的全球业务之间通常是很少合作的，每个部门都使其在中国的运营成为自身全球战略的从属部分。公司本身在中国的存在通常仅限于代表处，其工作人员通常对各类全球业务活动并没有很好的把握，并且缺乏在公司产生独立影响的声望。全球业务通常把代表处当作跑腿的，负责安排行程、举办会议、提供翻译等。许多公司在进军中国时没有整体的公司战略，进入这个大洲规模的国家时没有完整的政治或地理竞技计划，甚至没有设立一个清晰的长期目标。不仅如此，一些首席执行官从中国考察返回后都坚信进军中国是非常重要的，但是缺乏一种如何和为何的战略意识。

机会越来越大，放弃公司战略的成本也越来越大。现在那些明智的跨国公司都开始在全球业务的特别战略基础上，发展整体的中国战略。达成与中国相互理解以及开展业务所需的协调，需要一支强大的国家团队。同时还要求公司负责业务的团队能够把它的想法有效地传达到全球总部工作的企业高管。

但是，一个强大公司的中国团队也会带来很多难题。目标是在不损害各项全球业务完整性的前提下，赋予中国团队足够的发言权和倡议权。这一目标也充斥着紧张的气氛。例如，如果各项全球业务都需承担盈利与亏损的责任，那么中国团队如何才能有足够的牵引力去改变全球业务的战略？如果公司的中国团队与一个数十亿美元的全球项目处于不同等地位，那么通常仅仅是中层管理人员的公司中国团队又如何能在公司总部拥有影响力的话语权呢？这其中涉及的矩阵问题是很难、很复杂的，并且对于任何单个公司而言并不存在完全理想化的解决方案。简言之，国家团队/全球业务问题带来了关于决策权的分配、人员编制和汇报制度、国家团队的财政支持等等一系列问题。哪种方式是最好的则因各个公司特有的文化而各异。

很多跨国公司发现解决这些问题十分困难，所以它们通常不再专注于此，而是处理遇到的一个个相关的实际问题。但是，不解决跨国公司中国团队的定位问题，则很难使其运作到最佳结果。很少公司对自身处理这一问题的方式完全满意，但麻烦最大的是那些没有在高层以一种深思熟虑、一以贯之的方式提出这个问题的公司。

一个好的中国国家团队有助于其公司的全球业务更好地理解中国的愿景以及第三章提到的中国党和国家的具体情况。党和国家至少是你"沉默的伙伴"，它们对公司而言是有重要战略意义的。在各种全球业务品牌实践的基础上，国家团队还可能在开发和提升跨国公司整体品牌方面发挥重要作用。它还能通过对服务于各种全球业务的培训、翻译、法律建议和会计等领域制定规范，产生实质性的成本节约及成果提高。国家团队能提供有关中国正在发生的一些事件的讯息，这些讯息是可能会对产品开发、风险评估及其他一些对跨国公司非常重要的业务产生重要影响。它应当帮助公司执行官和公司其他高层管理人员优先安排与类似总理或副总理的重要会议。此外，如果中国国家团队负责人在其跨国公司内部有足够的影响力，他或她能为公司总部就在中国的发展机遇和其他问题提供有价值的见解。

一旦中国进入到第三阶段，大多数针对中国国家层面的战略就可以减弱了。在这一阶段，"中国"两个字应该越来越少地用于界定公司的战略和举措。但是截至 2011 年，对于几乎所有跨国公司而言，仍然有很长的路要走。对于那些典型的已经或立志深入中国的公司而言，明白如何在公司整体结构和运营中构建中国团队的能力是真正重要的问题。因为几乎对于所有公司来说，第二个阶段界定了它们遇到的挑战，下文将对这一阶段中的问题进行讨论。

二　与政府的关系

与政府的关系是跨国公司在中国的一个战略性问题。中国——包括党和政府——对经济有普遍性干预，因而处理与政府的关系对于公司的成功至关重要，关系处理不当甚至可能会毁灭一个很好的经营规划。简单地说，在任何中国商业投资中，政府有时不只是"沉默"的合作伙伴。

既然从国家到乡镇的各级政府管理层都有相当大的灵活性确定当地规则和决定影响跨国公司的物质利益，那么公司必须对政府机构的各个相关部分给予应有的注意。这一灵活性在重大的经济决策也有体现。例如，中央政府有一份能获得政府采购"自主创新"资格的产品"清单"。这一清单反映了那些极力游说反对早期高度保护主义的草案的国外公司的影响力。但是尽管政府采购清单是向一个有利的方向发展之后才敲定的，但这一清单仅适用于国家政府层面进行的采购（总共约 800 亿到 900 亿美元）。地方政府也可以自行公布它们各自的自主创新清单，实行更多的贸易保护。例如，上海 2009 年公布的清单列出了超过 258 个政府可以采购的产品——但其中除两个产品之外均由毫无外国投资的中国公司生产的。①

---

① 　James McGregor, "China's Drive for ' Indigenous Innovation' : A Web of Industrial Policies, "report for APCO Worldwide, the Global Intellectual Property Center, and the Global Regulatory Cooperation Project of the U. S. Chamber of Commerce(www. apcoworldwide. com/content/PDFs/Chinas_ Drive_ for_ Indigenous_ Innovation. pdf) , pp. 19—20; U. S. China Business Council, "New Developments in China's Domestic Innovation and Procurement Policies, "January 2010(www. uschina. org/public/documents/2010/domestic_ innovation_ policies. pdf) .

因此，公司与政府的关系不能只是放心地交给那些与相关监管部门有关系的少数政府关系专家。公司与政府的关系需要大量的时间和精力投入，不仅是负责这项工作的主管，还应包括公司的整个管理高层。外国公司与中国政府的关系战略有六项基本原则。

第一，与公司商业规划相关的官僚群体都应罗列出来。多数跨国公司有一套贯穿多个地区和国家各层面的价值链。罗列时涉及到确定哪位副市长、副省长、副部长及下级单位的负责人与特定问题相关。如第三章所示，确定各个相关单位的级别排序以及它们在组织矩阵中的申报制度是有可能的。这一罗列工作可以为公司战略发展关系、信息和影响制定出一系列目标。

第二，中国人喜欢面对面交流，而很难通过电话、传真及邮件与他人形成自然的交流。最宝贵的时段是他们就餐时的非正式讨论以及正式会议（往往有会议记录者）之外。中国人对尊重的细微差别非常敏感，通常他们能相当迅速地评判一个外国对话者是否善意及是否真诚。如果他们认为一个人是善意的，那么那个人可以说话直率而不被认为是唐突。如果他们认为他或她对他们不尊敬或是不真诚的，那么多少奉承话都不会产生好的结果。第一印象是非常重要的。

第三，与其他地方一样，在中国，如果那些建议的表述方式与政府官员在这个会议负责要达成的主要政策目标一致，那么政府官员非常有可能对那些建议做出正面的反应。中国人使用特别多的短语和口号来总结他们的政策目标，例如在"科学发展"的基础上发展"和谐社会"，从而实现"到2020年全面建设小康社会"。西方的行政主管花时间弄清相关短语并明确表示自己所提的建议将如何推动中国沿着相关政治口号或标语表明的路线前进，是值得的。在准备与重要政府官员会面时，下功夫了解那位官员在近期的公开亮相中使用的关键用语，并运用在自己的表现中，将获得丰厚的回报。

第四，千万不要把公司战略建立在个人关系的基础上。有"关系"的人对于项目的开始和推进至关重要。很多跨国公司聘用中国领导干部的子女、配偶或好朋友，并从中受益。但是官员个人甚至官员群体都可能随着政治风向的变化升迁或失宠。因此，对于公司而言，应当和公司的每一个运营地区及其体系内的每一个相关的层面保持联系，避免将项目成功的全部赌注押在一个核心人物的有效支持上。

第五，由于中国有一个须达成共识的政策过程，西方公司的主管应该在政策制定阶段就花时间了解政策，对核心规章和其他规划提出建议和提案。从长远角度来说，为中国相关政府部门的工作者提供培训和科技方面的建议是有意义的。美国通用电气公司和摩托罗拉公司在这方面做了有益的尝试。

第六，战略性地利用首席执行官对中国进行访问。当一个跨国公司的首席执行官访问中国时，他或她会比其他管理者接触到级别更高的官员。中国官员，尤其是总理或副总理级的官员，为会见首席执行官做好了充分准备。跨国公司也应当这样做。这就要求最好首先在公司内部确定好现在哪个议题对于公司在中国的成功是最重要的，并将这个议题作为会议的焦点。中方也可能会提供一份体制内的、比正常情况下更高级别的简要内部材料。跨国公司可以利用这个机会和中方代表一起共同为达成有利的决定铺平道路。需要注意的是，总理或副总理通常不会进行非常细节的讨论。更确切些说，跨国公司的目标应当是让他或她将工作转交给会议室里相关的最高级别工作人员，并表示希望该工作人员能继续跟进，协助提案执行。这也就为下级官员执行决定扫清了道路。

　　总而言之，外国公司与政府的关系需要充分运用对中国体制的认识——它的结构、运行准则、政策制定和目标——形成公司观点并使其融入中国政策过程。这是一个劳动密集型的持续战略，需要公司核心主管做出重大承诺。过失可能给实现公司核心目标制造不可逾越的障碍。

三　消费品的开发

　　很多以消费者为导向的跨国公司带着它们已有的产品进入中国市场，随后采取了本地化定制及在国内采购原料来削减成本和扩大市场份额。但是，中国市场发展如此迅速，以至于跨国公司不能像以前那样只对它们已有的产品进行些微修改就能维持其在中国强劲的销售市场。现实是，很多在美国设计的产品对中国来说是过度设计了。对消费者来说，很多消费品太贵了，除中国主要城市的高收入者外。有足够多的高收入阶层人群为很多产品提供了很好的销售机会。但是，真正的规模是取决于其他的消费群体的，随着时间的推移，处在金字塔顶端的高端市场将更容易受到来自底端的攻击。①

　　在中国的二、三线城市，中产阶级群体正在迅速扩大，大部分城市的位置、名称都不被外国人了解。但很多这些省会城市的人口超过一百万，集中着相当大的购买力。②

　　这些城市新出现的中产阶级会选择能提高他们生活舒适度又能带来声望的产品，但他们与一线城市那些处于金字塔顶端

---

①　Ming Zeng and Peter Williamson, *Dragons at Your Door* (Harvard Business School Press, 2007).

②　Cheng Li, ed., *China's Emerging Middle Class*：*Beyond Economic Transformation* (Brookings, 2010).

的消费人群相比，较少青睐外国品牌本身，而且对价格也更敏感。① 现在很多中国公司在竞相取悦这些新兴的中产阶级消费者，它们设计了许多适合这个消费群体需求、品位及可接受价位的产品来满足这个日益增长的市场。这些公司多方（跨国公司技术转让、窃取知识产权、互联网、中国研究机构、自身的技术开发）汲取技术，然后通过提高技术来降低成本，在大众市场进行竞争并建立规模。② 他们享受廉价的资本、低价的土地、监管豁免、贸易保护主义行为，以及地方政府所能提供的其他支持。

这给跨国公司在中国的竞争带来了关键的机会及巨大的挑战。机会是利用跨国公司除现有产品线之外的关键优势去竞争二、三线城市新出现的中产阶级市场。这些优势包括相对雄厚的财力、产品研发能力、在系统集成和优化方面的管理能力、市场营销和品牌实力、物流和分销技能、融资经验、服务能力等，这些都是大多数跨国公司拥有而它们的中国对手相对缺乏的技能。

然而，这些技能必须服务于开发适当的工业品和消费品，以满足除一线城市金字塔顶端以外的市场。这对很多跨国公司惯用的商业模型的多个层面都是一个关键的挑战。必要的步骤至少包括以下六个方面。

第一，需要具体的实地调研来了解不同地区的实际市场需求。一个产品应该具备哪些功能才能满足消费品市场的实际需

① "GM Aims at China's Exploding Middle Class," *Omaha World Herald*, June 21, 2010 (www. omaha. com/article/20100621/MONEY/706219950); Bruno Lannes and Larry Zhu, "The Race for 'Small' Town China," *Far Eastern Economic* Review, January 14, 2009 (www. bain. com/bainweb/publications/publications _ detail. asp? id = 26847&menu_ url = publications_ results. asp); "One Country, Many Markets: Targeting the Chinese Consumer with McKinsey Cluster Map" (www. mckinsey. com/locations/greaterchina/McKinsey_ Annual_ Consumer_ Report_ Downturn_ part2. pdf).

② Zeng and Williamson, *Dragons at Your Door*.

求？考虑到当地的条件（能源、修理厂、水源、尘埃水平、消费者的受教育水平、公路和建筑的质量等），应做哪些妥协？总之，界定问题是找到有效解决措施的关键，对问题的界定不仅在中国与发达的工业市场之间不同，在某种情况下，中国各个区域之间也不相同。

第二，必须确定目标市场的必要价格点。定价不应基于为发达国家工业市场生产同种类型产品的成本。中国的竞争对手可以利用一系列显著的成本优势：以低于市场的价格使用国有资产和知识产权、廉价的劳动力、地方政府（以非常优惠的条件）提供的土地、监督豁免、贷款、许可及地方保护竞争的措施。① 此外，当地方竞争者经常会冒巨大的风险做出大胆的决定，因为当地政府缓冲了他们大部分的不利风险。因此，当跨国公司在二、三线城市竞争时，最高的可行性价格点可能比在一些发达国家或中国沿海城市价格的50%更低。但是，要从已有的产品中流失那么多的成本是不可能的。因此，有必要从一个基本的价格点及产品基本的特征开始，然后把这些因素整合起来生产出"足够好"的产品来满足消费者的需求。

---

① 关于使用标准来扶持国内产业发展，参见 James McGregor，"China's Drive for 'Indigenous Innovation'"；Scott Kennedy，Richard P. Suttmeier，and Jun Su，"Standards，Stakeholders，and Innovation：China's Evolving Role in the Global Knowledge Economy," Special report（Cambridge，Mass. ：National Bureau of Asian Research，2008）. 关于汽车产业，参见 2009 Report to Congress of the U. S. China Economic and Security Review Commission，Washington，November 2009. 关于互联网产业，参见 David Barboza，"China's Internet Giants May Be Stuck There," *New York Times*，March 23，2010（www. nytimes. com/2010/03/24/business/global/24internet. html）. 涉及使用补贴扶植国内企业，参见 "U. S. Starts Legal Action against China at WTO over Subsidies—Business—International Herald Tribune," *New York Times*，February 2，2007（www. nytimes. com/2007/02/02/business/worldbusiness/02iht. chitrade. 4449502. html）. 关于利用补贴帮助国内企业参与国际竞争，参见 Keith Bradsher，"On Clean Energy，China Skirts Rules," *New York Times*，September 9，2010（www. nytimes. com/2010/09/09/business/global/09trade. html？_ r = 1&scp = 2&sq = keith% 20bradsher&st = cse）.

　　第三，调整对新技术的利用。很多跨国公司利用新技术来增加产品新的功能，以此来收取"改良"产品的额外费用。但是在二、三线城市的中国公司更倾向于用新的技术来降低产品的成本和价格。调整目标——产品开发者用新技术以降低成本可以在产品开发中获得显著效果。①

　　第四，给予当地产品开发等团队足够的授权和创业基金去创新，使其迅速对市场新机遇做出反应，与许多跨国公司的标准化程序和要求反其道而行之。比如，要求总公司层面审批一项提案，这在许多公司需要几个月的时间，在这期间，他们中国当地的竞争公司很可能已经把合同签好了。跨国公司这种标准化流程通常是为具有不同优先级和特点的市场，而不是为中国的二、三线城市市场准备的。

　　第五，让外国和中国优秀的工程师和设计师一起组成产品开发团队。前者有着宝贵的产品开发和设计的经验。他们也很清楚跨国公司的独特优势，而后者在一个设计简化的环境中长大，他们更可能直观地掌握产品的哪些功能对消费者来说是最重要的，也是"足够的"。

　　最后，把决定产品必要竞争性特点的研究者和推销产品的市场营销人员与产品开发团队紧密结合起来。对于这样的产品，在决定它们怎么既用较低的成本充分满足消费者的需求又有适当的、有吸引力的包装等方面，几乎没有犯错误的空间。

　　总之，一个主要的市场正在开放，跨国公司将不得不更努力地与新型的中国企业竞争。这样的竞争要抛弃把已有的国际化产品稍做修改这种想法，必须重视开发有价格竞争力的、满足当地市场需求的产品。这迫使很多按标准化流程操作的跨国公司做出一些必要的改变，包括努力学习中国市场的特点，规定商品在中国二、三线城市的足够低的价格点，聘用习惯用技

---

① Zeng and Williamson, *Dragons at Your Door.*

术来降低成本而不是增加商品的功能来获得额外收入的工程师，增加在中国开发产品的预算，让公司的中国团队有更多的产品开发决定权。

跨国公司能在这些新的市场获得成功吗？跨国公司有足够的技能和资源，但它们只有忍受上述为了保证形成恰当的产品流而对其标准化流程的修改才能生存。总的来说，这些改变是非常激进的。比如，它们需要授权公司的中国团队管理产品的研发工作、产品开发、风险投资，而不仅仅是市场调研。但是，如果这些能够成功地改变，那么在中国的产品开发会成为在所有发展中国家进行市场竞争的新工艺和产品开发的重要来源。预计在未来几十年，大部分的发展中国家将出现新的经济增长。①

如果跨国公司不与中国公司竞争二、三线城市的市场，那么跨国公司将陷入危机，因为中国的公司将在二、三线城市形成规模，然后运用它们的能力及资源与跨国公司争夺一线城市的市场。已经有几起这样的案例发生了。② 如果跨国公司不能通过自己开发产品及业务能力来阻止中国竞争对手在二、三线城市工业和消费品市场的扩张，那么这些案例就预示着跨国公司的未来。当然，跨国公司的另一个手段是购买中国当地企业为它们工作，而不是成为它们的竞争者。

---

① 在过去五年，发展中国家贡献了全球经济增量的 70%。Shimelse Ali, Uri Dadush, and VeraEidelman, "Will Developing Economies Help Sustain the Global Recovery?" *Economic Bulletin* (Carnegie Endowment for International Peace International, 2010). 目前占全球国内生产总值 53% 的七国集团，在 2034 年将仅占 24%，参见 HomiKharasand Javier Santiso, "The Emerging Middle Class in Developing Countries," Working Paper (OECD Development Center, 2010), p. 22 (www. oecd. org/dataoecd/ 12/52/44457738. pdf and www. carnegieendowment. org/publications/index. cfm? fa = view&id =41505).

② Zeng and Williamson, *Dragons at Your Door.*

四　人力资源

以上描述的产品开发的挑战对人力资源政策有着重要的启示。从根本上讲，中国市场的发展及在中国的竞争迫切要求能够把一些决定权下放到跨国公司较低的组织结构层级，这就要求对一些人力资源管理实践进行反思。

如果更多的产品开发、调研和市场决策要在当地完成，那么跨国公司在中国的主管必须有一系列重要的技术技能。考虑到中国市场瞬息万变的步伐，它们必须能够理解飞速变化的竞争优势和风险的来源，评估并利用新兴的商业模型。在中国的顶尖管理者必须能够有效平衡针对单个国家及全球的经营战略和需求。这需要公司的中国领导核心具有比通常这个级别的管理人员更宽广的背景。

公司的中国团队还需要能够在复杂的政府结构中做细致工作的人，广泛结交政府机构中合适的官员成为这项工作的一个重要组成部分。这需要文化敏感性以及对公司与政府的关系和公共关系的"直觉"，而这些技能远远超出了大多数跨国公司的中层经理所具有的。因为产品开发的团队要混合中国和外国的工程师和设计师，那么派能和当地雇员友好相处的外国人进入这个团队就十分重要。

在培训当地的雇员以达到跨国公司的标准的过程中，也非常需要文化敏感性。要对员工灌输关于腐败、团队合作、质量保证、责任和知识产权保护的企业规范并不容易。正如我在下面道德部分讨论的，一个成功的培训项目必须在很大程度上从下至上建构，理解当地雇员的心理定势，并开发出有效的培训技术。

要在中国获得成功就非常有必要了解中国的人力资源池。中国确实有很多半熟练的工人，正是大量的这些劳动力成就了迄今为止中国制造业的相对优势。中国还有相当数量的工程师，每年有大约 60 万的新工程师毕业。① 但是，中国的人力资源池也构成了一定的挑战。工程师们大多没有受过创新性地解决问题的训练。很多有过在中国工作经历的跨国公司主管总结道：雇佣中国的应届毕业工程师需要给他们安排相当程度的培训，才能使他们的能力达到美国新雇佣员工的水平。②

　　由于中国的经济发展是不久前开始的，中国严重缺乏中上层水平的管理人才，几乎没有资深的管理人员可以聘用。③ 事实上，有经验的中层管理人员在跨国公司如此炙手可热，以至于怎样才能留住他们成为一个重要的问题。因为很多中国人把在外企工作当作一个能获得技能和提高收入的机会，并不打算在某个公司长期待下去。中国雇员倾向于对某位老板忠诚，而不是对某公司忠诚。当某位老板离开公司，很多他手下的雇员也会随之离开。④

　　一个特殊的问题是，许多职位都需要一定的英语熟练水平。很多跨国公司要求几乎所有的经理都要有用英语工作的能力，尽管他们大部分时间都是和其他的中国人交流。英语口语能力成为一个关键的问题——中国的管理人才一般有足够的英

　　① "Western Corporations Move Key Offices to China，"*People's Daily* Online，December 15，2009(http: //english. people. com. cn/90001/90776/90883/6842840. html) .

　　② Dennis Fred Simon and Cong Cao，"Creating an Innovative Talent Pool，"*China Business Review*，vol. 36，no. 6(November/December 2009) (http: //proquest. umi. com/pqdweb? index = 11&did = 1914189271&SrchMode = 3&sid = 1&Fmt = 3&VInst = PROD&VType = PQD&RQT = 309&VName = PQD&TS = 1282668839&clientId = 13862&aid = 1) .

　　③ Diana Farrell and Andrew J. Grant， "China's Looming Talent Shortage，" *McKinsey Quarterly*，November 2005 (www. mckinseyquarterly. com/Chinas_ looming_ talent_ shortage_ 1685) .

　　④ 例如，当总编辑胡舒立离开《财经》时，很多杂志商务和编辑部门的工作人员也随之离开。Jonathan Ansfield， "In China, Magazine Editor Quits in a Battle for Control，"*New York Times*，November 10，2009(http: //query. nytimes. com/gst/fullpage. html? res = 9C02E6DD1039F933A25752C1A96F9C8B63&sec = &spon = &pagewanted = all) .

语写作能力来完成他们的工作（或者基于他们已有的英语水平，经过培训就能很快达到那样的水平），只有很少人能够熟练地掌握英语口语。因此，需要仔细评估什么样的管理和技术工作能给那些英语口语不够好的本地雇员做。这样可以充分地扩大潜在候选人的范围。

众所周知，本地雇员在跨国公司会遇到玻璃天花板效应，这也影响了留住人才。以这个观点来看，一个本地的雇员所能期望的顶点就是跨国公司在中国地区的最高职位。这种观点有很好的事实基础。事实上，中国本土的公司正在走向国际化，它们可以提供给本地雇员一些管理亚太地区或其他全球运营的职位，这就意味着跨国公司需要考虑打破这个天花板。

最好的留住人才的机制是创造一个有趣的工作并提供有价值的职业发展前景。① 国际发展空间和人力资源管理学会合作进行了 "2006—2007 留住中国雇员" 这项研究。② 经过一千多份对雇员和雇主的在线问卷调查，以及 100 个深度电话访谈，研究结果表明：最有价值也最有用的留住员工的办法包括具有连贯性的管理项目、提供培训和发展的机会。缺乏成长机会及发展是员工列出的离开一个组织最主要的原因。员工的福利和

---

① Jimmy Hexter and Jonathan Woetzel, *Operation China*: *From Strategy to Execution* (Harvard Business Press, 2007), pp. 145—47; "Tips for Attracting and Retaining Talent," *China Business Review*, vol. 33, no. 2 (March/April 2006) (http://proquest. umi. com/pqdweb? index = 9&did = 1020188511&SrchMode = 2&sid = 4&Fmt = 3&VInst = PROD&VType = PQD&RQT = 309&VName = PQD&TS = 1282669664&clientId = 13862); Booz & Company, "The Next Management Crisis in China: Developing and Retaining Highly Skilled Young Managers," 2007, pp. 5—9 (www. booz. com/media/uploads/Next_ Management_ Crisis_ in_ China. pdf).

② Ann Howard and others, *Employee Retention in China* 2006—2007: *The Flight of Human Talent* (Bridgeville, Pa. : Development Dimensions International and the Society for Human Resource Management, 2007) (www. ddiworld. com/pdf/EmployeeRetentioninChina2007_ fullreport_ ddi. pdf).

薪酬水平是决定员工去留的第二个原因。① 简而言之，工作满意度日益成为影响中国高技能工人及新兴管理干部的重要因素。

总之，在中国面临的挑战（特别是在中国的二、三线城市）正在创造以新的操作流程来开发新产品和应对新的错综复杂事务的需求，这对人力资源战略的影响深远。跨国公司需要找出能够吸引有技能和经验的员工到中国公司工作的办法，因为他们在那个职业阶段已经在看企业总部或者至少是地区总部的职位。为了有效地把某些特定技能纳入自己在中国的竞争优势，跨国公司需要开发出新的方法去吸引、分配和留住当地的员工。

五　区位战略

选择好的设施地点是至关重要的，尤其在同时涉及多种全球性业务时，地域的选择可能影响到公司是否能充分利用在一个国家的所有的投资。把多种全球化业务集中在同一个政治管辖区和商业区，可以有效地利用公司的投资，并且获得地方政府的支持。当决定在哪里创立一个项目时，很直观的首选要素应该是接近目标市场、劳动力和产品原材料。当然，也有一些其他需要考虑的因素。

鉴于运输能力和地方保护政策，很多时候跨国公司会考虑在内陆地区设立新的项目。在远离沿海主要城市区域设立新项目时，将各方面的因素都考虑进来就显得重要了。比如相关劳动力是否充足、土地和劳力的成本，都可能决定最终

---

① 同上页注②。上海的一家全球人力资源公司翰威特（Hewitt Associates）在其2007年度最佳雇主调查中发现，职业发展是最佳雇主第一位的关注要素。参见 www. hewittassociates. com/Intl/NA/en. US/AboutHewitt/Newsroom/PressReleaseDetail. aspx?cid＝4025.

合适地点的选择。同美国相比，中国各地的监管环境差异更大。虽然标准化正在增加，比如高速公路桥梁的限高，但是一系列商业相关的重要政策仍然因地区差异而不同，而地方政府拥有最终权利去制定这些地方法令。事实上，地方政府经常设定特殊区域，或者把免去监管作为协商的一部分，因此在企业选址时，需要同时考虑地方政策以及地方政府对提供监管免除的意愿。

各地的基础设施也有天壤之别。这种差异比发达国家地区间的差异大得多。比如在中国，企业需要确保获得足够的水源和电力，这两项很难得到稳定的供应。

企业还需要确保高效的市场覆盖。无形的障碍，比如省界，会导致很明显的差异，因为在中国地区保护的趋势是很明显的。

在很多地区，政府官员已经对与外国人打交道很有经验了，但是在其他一些地区，政府官员对于外国投资人需要怎样的条件去取得成功还知之甚少。尤其在公司越发重视的二级和三级市场，考虑将生产引入内陆的时候，与外国投资者合作经验缺乏的问题也就显得很严重了。从语言障碍到理解通常商业实践和目标中一些基本困难，都会造成不良后果。当地习惯性认为有贪污的机会，也是公司进入内陆后一个烦人的问题。

最后，以前曾经得到过很多外国直接投资的地区，倾向于建设辅助设施（接收外国孩子的学校，迎合外国人口味的餐厅，为外国家庭设立的俱乐部和其他活动中心），以使外派到中国的主管及其家庭成员的生活更过得去。

六　市场营销

在中国的很多地方，市场数据已经变得非常复杂多样，同时市场调查在很多地方变得可行。但是，同美国相比，市场数据调查的整体覆盖率及质量依然没有可比性。很多公司需要开展自己的调查来获得更加精确的关于人口统计资料、个人偏好、收入水平等它们需要的数据信息。①

中国的市场不仅根据财富拥有量划分，还具有很强的地理界限。事实上，中国市场这个概念往往会造成误导。中国事实上是由很多根据地理分布差异明显的市场组成的，这些市场在一定程度上都有保护措施，而且各个市场都有自己的特点。没有公司在制定发展策略时能够完全考虑所有中国内部市场的差异，地点问题必须在决策的很多方面有所体现。

在东部沿海城市，中高收入群体往往比较偏好外国品牌，也更喜欢仿效外国消费者。内陆消费者则不是这样，即使在他们有足够多的消费资金的情况下。当一个公司转移到内陆时，考虑如何通过多种途径把产品再包装得中国化一些而不是外国化也就显得有意义了。成本意识也随着远离东部沿海城市而快速提升。

相较而言，富裕在二、三线城市是一个较新的现象，很多最近加入中高收入群体的人还不知道如何去消费。适合的生活和消费模式才刚开始慢慢发展起来，这也为公司提供了机遇，去塑造消费者的消费偏好并且投已有的消费习惯所好。公司的广告应该抓住这个机遇。

虽然现在中国的大多数媒体是国营的，但它们都是通过广告来营收的。现在有很好的关于媒体的观众/读者的数据，但是没有媒体影响力的数据。有很多专业的地方公司辅助拍摄广告，并将其投放到媒体上。总的说来，在中国东部沿海主要城市中，广告主要偏向渲染类型——鲜艳的颜色和复杂的动作。而在内陆城市，更加家庭化、朴素型风格的广告更受欢迎。一

---

① Hexter and Woetzel, *Operation China*, pp. 56—57.

些现象表明，卖点的"教育"非常重要，因为很多消费者直到进了商场才做出消费选择。①

各地区的特性有很大的不同，这些特性对营销活动是很重要的。很多地区很强烈的、与历史相关的自我形象都与市场相关。将产品特点与地区历史英雄和文化特色结合是一个有效的策略。同时，地区间对品味、颜色和其他产品属性也有不同偏好。在这些方面，通过认真的调查和对当地商业人士进行咨询，能够获得重要的数据。

方言的不同会导致一个地方的人无法听懂另一地方人所说的话。虽然这种语言上的差异随着普通话的推广而逐步减小，而且所有的方言采用同样的汉字，但是一般人们在日常交流中还是使用方言。所有的方言中，往往有许多谐音字，广告和幽默中经常用到这些双关语。但是，广告或品牌名中基于一种方言（即使是普通话）有特殊用法的词语，在另一种方言中或者不同的语境下，可能完全不合时宜。

卫奕信爵士（David Wilson）研究中国已久，1987 年至 1992 年间他担任香港总督，同样受困于这个问题。他起了一个中文名字（魏德巍），这个名字在发音上很像他的英文名，同时在选字时，他的名字表明了他对品德的追求并拥有扎实的基础。

卫奕信爵士在香港任职时，当地人对香港回归中国的未来感到非常迷茫和担忧。对他来说，不幸的是，当地人开始纠结在他的中文名中有两个字当中有"鬼"字，而且这两个字还和"危"和"伪"谐音。② 认识到在香港的中国人多么迷信，他很快将他的中文名改成了卫奕信，以表达一种安全、保护、信

---

① Hexter and Woetzel, *Operation China*, p. 21.
② 汉字往往由偏旁/部首及其他部分组成，而各部分也可以单独成字，并有其自己的含义。

任和希望的意思。①

在品牌塑造方面，跨国公司比它们的中国竞争者有更多的经验。赞助活动，参与有关企业社会责任感的活动，拉拢当地的体育和文化名流来代言自己的产品，以及其他在美国非常知名的做法，并不在中国的二、三线城市新兴公司的操作箱中。品牌化应该至少部分迎合政府的某个主要目标。因此，在公司与政府的关系中，努力理解国家和当地政府目标以及描述该目标的陈述词是很有意义的。比如，"XX 公司——为中国在2020 年全面建设小康社会搭建桥梁"。这在英文中会显得非常庸俗，但是在中文语境下，它能有效地为该公司赢得消费者和政府官员的青睐。

在品牌化单个全球业务和品牌化整个公司之间总存在一些张力。但是，两个方面都是必要的。在中国，品牌化一个全球业务所付出的努力往往比品牌化整个跨国公司所花费的精力大很多。将跨国公司摆在一个主流的位置，并利用企业品牌来推广全球业务会带来很多好处。中国人习惯将跨国公司看成一整个集团，因此强调公司的核心业务和这些业务对于中国主要发展目标的贡献，能够有效地彰显公司的战略。这也能够使购买其中一种产品的客户更加认可整个公司的重要性和能力——在中国市场的一个重要附加值。

七　结论

很多跨国公司已经在中国市场站稳了脚跟。现在对它们来说重要的在于逐步提升对于中国主流消费者的关注程度，包括

---

① 参见 http://learnedfriend. mysinablog. com/index. php? op = ViewArticle&articleId =760990; www. njstar. com. au/njstar/langinfo/ywxx3_ b5. htm; http://blog. cat898. com/ boke. asp?ludi. showtopic. 205969. 282066. html; www. hudong. com/wiki/% E5% 8D% AB% E5% A5% 95% E4% BF% A1.

那些不在主要沿海城市的消费者。扩展规模的舞台就在眼前，这个新目标使得公司需要将关注点放在产品生产和创新上，以改变成本结构。专注于东部沿海城市获取商业金字塔顶端的一杯羹以获取短期利益，是多数生意中错误的概念。这种做法在接下来的几年中会显现出更多的弱点。

想要大量减少成本需要进行比较激进的思考。所需的成本缩减比例都在50%或者更高，所以不能希望通过减少现有产品的边缘成本来实现。这需要灵活地对设计、启动和生产过程进行重建，通过调整人事政策来改变责任分布，在中国大陆活动中允许大量创新及尝试。在一些情况下，这些尝试也能够通过吞并或收购成功的中国新兴企业来获得。

但是把更多的责任移向在中国大陆的运营，则意味着很多跨国公司在标准经营流程上做出一些困难的改变。回顾一下，非常重要的措施包括：

——给予在中国大陆经营（指外国公司在中国的经营，校者注）足够的自主权和资源，去开发新的运行方式和产品。

——允许在中国大陆的机构在机遇和风险快速变换的情况下迅速做出决策。

——提供有足够能力运营全球业务的人才来经营中国大陆市场，而不仅仅是执行上层的战略计划。

——将高价值的活动，比如工程和科研开发，转移到中国，同时建立起能为公司带来革新思想的核心骨干团队。

另外，在中国的团队一定要理解中国政府一直是他们明确的或潜在的合作者，而且能影响商业计划的成功与否。因此与政府的关系是战略中重要的一环，需要有一个团队能够理解相关的政策结构和流程，起着活跃且持久的作用，以从这个政治体制中获益。

上述事项远在很多公司的舒适范围之外，尤其是当它们从在中国顶级的金字塔战略获益时。但是，就像现在很多市场被推动着飞速发展一样，跨国公司在中国本土的竞争者也很快学会了如何通过抓住二、三线城市的生产和消费者来扩张规模。最成功的一批企业将很快到东部市场去销售商品：物美价廉的中国式商品。跨国公司需要做的是在争夺二、三线城市市场中胜出，抓住值得收购的企业，同时在这个过程中学会如何在中国这个大的新兴市场中产生真正的规模。

这种策略可以获得的利益并不限于中国。掌握上述类型的变化，同时产生新的产品创意可以为跨国公司在其他新兴市场提供竞争力，比如印度、巴西和有可能在未来十年占据全球增长总额80%的第三世界国家。

不幸的是，即使运用非常精明而且是演进性的方法也无法完全避免在中国的风险。这些风险非常巨大，因此风险鉴定和缓解措施都需要很认真地对待。当然，这是我们下面要讨论的话题。

第五章

风险管理

一　政治风险

二　声誉风险

三　道德风险

四　网络风险

五　环境风险

六　公司治理风险

中国呈现了一个高风险地市场环境，其面临的诸多挑战是大多数新兴市场所共有的。商业道德尚未发育完全；政府通过中央和地方政治来积极干预经济；法制体系发挥的保护作用不足，等等。不过，一些类型的风险是具有"中国特色"的，需要对此审慎关注并制定相应的缓解措施。

总体而言，主要有六种风险，即：政治风险、声誉风险、道德风险、网络风险、环境风险和企业管理风险。它们直接发源于前述章节分析的当今中国盛行的体制和观念。

一 政治风险

政治风险形式多样，但又是实质性的。它产生于中国对西方动机的猜疑、普遍存在的政府对一家家企业的干预、一党制、大规模腐败，以及薄弱的法律保护。表现形态为政治不稳定、政治对商业产出的干预，以及对于美国公司来说，中美关系紧张等。

（一）政治不稳定

在中国做生意面临着潜在的政治不稳定风险。中国的政治体制灵活且充满活力，并且掌握了充足的资源——其中包括在必要时可以动用的强制性力量。近几十年来，这一体制极大地改善了大多数国民的生活水平，并且因为将中国引上了通往财富和权力的成功之路而备受尊重。但有可能诱致严重不稳定的潜在问题也同时存在，而中国的不稳定将使相关投资和商业计划受到影响。

当中国感到国家受到威胁时，应对危机之外的其他考虑都居其次。结果就是正如在 1989 年天安门广场的政治风波看到的，中国政府采取的措施引起巨大的国际恐慌，以至于如果谁还照常在中国做生意，注定要声名扫地。[①] 就地方情况来说，严重动乱会导致正常商业在一段时间内难以为继，部分原因是出于对员工安全的考虑。

总之，中国政治体制对所谓"手段合法性"非常受用。换句话说，对这一体制的支持很大程度上来自于它源源不断提供的产品。国内生产总值的高速增长创造了财富和就业机会。中国积极的外交政策和不断增长的军事力量，使得中国领导人表现为国家主权和安全的维护者。这一切使现行体制有力地激发了几乎所有中国人洗刷国家屈辱、让中华重新崛起于世界民族之林的热望。

但是，不是所有人对当前这套体制的实际实施充满好感。近几十年来，腐败迅速加剧，中国也从一个基本平均主义的国家迅速转变为社会不平等极端化的国家。环境伤害成为普通人生活的持续特征之一，而这种感受正是体制赋予少数人的特权以及地方官员和利益集团相互勾结的直接后果。法律体系有所改善，但尚不足以避免司法不公。此外，中国的体制在总体上有所松动，朝着信息流通相对自由的方向发展，人们并不害怕表达不同的意见，但政治管控和强制力量的使用导致公民生活遇挫的情况仍比发达社会要多。

---

　　① 中国政府一些令人不快的做法，也会导致实际的制裁，这会对商业计划造成严重的后果。关于天安门事件后美国对中国的制裁，参见 Dianne E. Rennack, "China：Economic Sanctions," CRS Report to Congress, Februray 2006（www. fas. org/ sgp/crs/RL. 31910. pdf）.

如前所述，北京正推动大规模的社会变革，这样的规模和
速度使社会紧张的加深不可避免。罢工、抗议、群体性暴力活
动等大规模突发事件正以每天 250 起左右的频率发生在中国的
土地上，① 并且，此类事件的规模逐渐扩大。更使领导人警醒
的新情况是：诸如一场交通事故或者一篇关于滥用警力、公权
力的报道等小事情，会在短短数小时内演变成有数千人参与并
伴随着街头暴力活动的大规模群体性事件。② 这些情况，就当
前中国社会表面的稳定下所潜伏着的不稳定因素敲响了警钟。

　　总体上，中国政府在防止此类事件的蔓延方面做得很好，
一部分是通过明确小型的地方群体性事件或许反映了正当的不
满情绪、大规模的抗议活动则被视为是针对国家政权本身而遭
到严厉处置的做法。对于起因于特定问题的小规模抗议，地方
政府典型的做法是通过谈判找到部分解决方案，提供一定资源
平息不满，同时处罚个别罪魁祸首。③ 而对于大规模暴乱，譬
如近年来有藏民参与或新疆穆斯林参与的事件，北京则进行大
规模系统性的、强有力的高压管控，隔离"闹事者"，以此防
患于未然。不过即便是在上述事件中，北京仍试图通过增加受

---

①　根据最近的官方报告，每年全国性此类事件约 9 万起，见 Wang Weilian,
"Making Sense of 'Mass Incidents'," *Global Times*, May 30, 2009.

②　参见 Edward Wong, "Plan to Curb Cantonese on TV Spurs Protest in China,"
New York Times, July 27, 2010 (http: //proquest. umi. com/pqdweb? index = 5&did =
2092082711&SrchMode = 2&sid = 1&Fmt = 3&VInst = PROD&VType = PQD&RQT =
309&VName = PQD&TS = 1282843909&clientId = 13862); "Minor Explosions: Unrest in
China's Cities," *The Economist*, Economist. comNews Analysis, April 27, 2010 (ht-
tp: //proquest. umi. com/pqdweb? index = 68&did = 2021163451&SrchMode = 1&sid =
1&Fmt = 3&VInst = PROD&VType = PQD&RQT = 309&VName = PQD&TS =
1282844805&clientId = 13862); "Angry Villagers Stage Lead Poisoning Protest in North-
west China," *BBC Monitoring Newsfile*, August 17, 2009 (http: //proquest. umi. com/
pqdweb? index = 234&did = 1833219581&SrchMode = 1&sid = 1&Fmt = 3&VInst =
PROD&VType = PQD&RQT = 309&VName = PQD&TS = 1282845512&clientId = 13862).

③　一个例子参见 Philip Pan, *Out of Mao's Shadow: The Struggle for the Soul of a
New China* (New York: Simon & Schuster, 2008), pp. 127—28.

波及地区的资源投入以平息不满。①

简言之，中国社会看似稳定的表象之下潜藏着不安和动荡。然而，由于公民社会制度和影响政府的民主手段不健全，社会压力往往以抗议和暴力活动的形式释放出来。中国体制总体上具备控制这些问题的能力和手段，并且各级政府领导人的年度考评也在一定程度上基于其在此方面的表现。但中国的最高领导人不厌其烦地强调需要"维护稳定"，他们对严重社会和政治动荡的担心是有着深厚基础的。

严重的政治不稳定对在华的国际商业带来了如下潜在挑战：

——声誉问题。人权活动家们会对投资者在压迫本国民众的国家投资兴办产业的行为提出道德质疑。

——可能的排外主义。地方领导者有可能将民众的愤怒情绪导向针对外国企业，从而纾解其自身所承受的压力。②

——雇员人身安全。在动荡时期，公司需要决定是否要求员工照常来上班。

——潜在商业风险。针对中国政府的压制措施而对中国进行的制裁，可能导致潜在的商业风险。

---

① Michael Wines, "China Seeks to Spend Its Way to Stability," *New York Times*, July 8, 2010 (http：//proquest. umi. com/pqdweb? index = 14&did = 2075126512&SrchMode = 2&sid = 1&Fmt = 3&VInst = PROD&VInst = PROD&VType = PQD&RQT = 3097VName = PQD&TS = 128243909&clientId – 13862）; Edward Wong, "China Unveils Strategy for 'stability' in Tibet," *New York Times*, January 24, 2010 (http：//proquest. umi. com/pqdweb? index = 131&did = 1946240701&SrchMode = 1&sid = 1&Fmt = 3&VInst = PROD&VType = PQD&RQT = 309&VName = PQD&TS = 1282845144&clientID = 13862）.

② 这一情况对于日本和日本企业而言是真实的。Susan Shirk, *China：Fragile Superpower* （Oxford University Press, 2007）, pp. 142—43, 160—61. 2010 年 9 月, 日本指出中国停止了向日本企业供应稀土, 并将此作为向日本施压, 释放日本在有争议水域扣押的中国渔船的手段。Keith Bradsher, "Amid Tension, China Blocks Vital Exports to Japan," *New York Times*, September 23, 2010 （www. nytimes. com/2010/09/24/business/global/24 rare. html）.

公司应当基于上述可能性制定应急预案。这包括考虑生产部门在中国的选址。如果后勤供应方面可行，企业应当在中国建设两到三处生产基地，而不是仅在一个地方设厂。

公司还有必要针对社会动荡事件制订紧急运营计划。该计划的一部分需要考虑，如果地方政府要求企业本身对员工的政治行为进行管理和约束，企业应该如何应对。在中国，企业对员工在工作以外的行为需要承担的责任比在美国要高得多。政府有可能要求公司通过内部网络系统对员工的对外联络情况进行监控（尤其是在不稳定时期），向政府报告员工的一举一动，或者采取其他在美国公司治理理念中被视为侵犯员工权益或隐私的行为。为此，事先建立起一套明确的企业内部规则和应急决策体系，将有助于降低企业在高压情况下的匆忙做出失当决定的可能。

（二）商业中的政治干预

党政方面有多种手段在中央和地方层面上对跨国公司商业成功的预期施加影响。无论是与其他国内企业相比还是和跨国公司相比，中国政府都愈发对国有企业偏爱有加。这些偏爱包括制定出台限制或阻碍竞争的规则，对国有企业提供或显性或隐性的补贴，在发生纠纷时做出基于政治考虑的决定等。

许多部门都在外资股权方面设了限制。譬如，任何汽车组装厂都不允许外国公司全资拥有，并且外资股权在汽车组装厂总股权中所占份额不得超过50%。① 不过，外资完全控股发动

---

① 唯一的例外是一家本田公司的工厂得到了许可，因为它保证组装的汽车都会用于出口。本田公司拥有这家工厂65%的股份。Richard Spencer, "Honda Gets into Gear with Plans to Export Cars from China," Telegraph（United Kingdom）, May 17, 2005（www. telegraph. co. uk/finance/2915797/Honda-gets-into-gearwith-plans-to-export-cars-from-China. html）; and Richard McGregor, "China's Auto Industry Moves into Top Gear," *Financial Times*, January 21, 2003（http：//proquest. umi. com/pqdweb? index = 0&did = 278923161&SrchMode = 1&sid = 16&Fmt = 3&VInst = PROD&VType = PQD&RQT = 309&VName = PQD&TS = 1296589356&clientId = 13862）.

机制造企业则是允许的。每年中央政府都会发布禁止、或者有限制地允许、或者鼓励外国投资的部门清单。①

在营业执照发放方面的歧视也能够对外国企业构成实质性的障碍。譬如在保险业，中国公司可以成批获准成立新的分支机构，而外国公司只能一个一个地申请设立分支机构。并且，中国公司设立新的分支机构只需要省级主管部门批准，而外国公司设立新分支机构必须由国家主管部门——中国保监会（CIRC）批准。这一差别的结果就是中国公司每开设几十家分支机构，外国公司才能开设一家。如此差别在经济领域的诸多部门都有存在。

有关项目及采购的决定可能也传递着政治信息。最典型的案例就是空客和波音进入巨大的中国飞机市场的竞争。中国政府有时会通过直接与某公司交易，来表达对另其竞争公司或其相关母国的不满。北京还会迅速对那些给中国出口设置障碍的国家采取反制性的贸易措施。②

地方政府还经常介入经济活动，对地方企业予以关照。举一个比较典型的例子：总部位于达拉斯的合资企业唐氏能源谈判取得了建设风电场的土地使用权，但县政府领导反过来取消了它的土地使用权，从而让一家中国公司能够在那片土地上建设他们的风电场。当地政府要求唐氏能源在原始申请材料中提供通过耗资颇高的研究形成的该地区风能评估报告，在谈判之后，该县政府转手就将唐氏能源提供的报告无偿交给了其中国

---

① Tang Xiangyang, Wang Hao, and Rose Scobie, "State Council Rules Regarding Foreign Investment,"*Economic Observer*, April 15, 2010(www. eeo. com. cn/ens/homepage/briefs/2010/04/15/167631. shtml). List(in Chinese) is available at www. gov. cn/zwgk/2010－04/13/content_ 1579732. htm.

② Keith Bradsher, "China Imposes a Steep Tariff on U. S. Poultry,"*New York Times*, September 26, 2010(www. nytimes. com/2010/09/27/business/global/27yuan. html?＿ r＝1&ref＝business).

竞争者，供中方公司建设风电场时使用。①

　　类似出于政治考虑的、针对跨国公司的障碍在中国比比皆是。没有什么妙方可以消除这种威胁。它们带来的警示是，在中国，必须把与政府的关系提升到战略高度，而不是将其交给公司里的几个政府关系专员去处理。为了尽可能减少政府对外国企业商机的制约，应采取一系列审慎的应对措施。跨国公司可至少参考如下内容：

　　——对相关政策的演变予以密切关注，包括条例和法律环境政策。中国现行体制为外国企业在政策出台前提供了丰富的沟通运作空间，但要密切关注其发展，在正确的时间和地点进行介入是一项极富挑战性的任务。譬如，2010 年通用电气指派了超过 20 名员工专门追踪正在进行的政策调整。这一决定颇为明智——这方面的努力将非常有助于避免企业犯下严重的错误。

　　——认识到在中国，分歧是通过讨论，而不是在一个有严格规则约束的环境下解决的。聘请那些对谈判或调解分歧的实践比较熟悉或有经验的、能够与其他群体合作并达成可接受的妥协的人去解决问题。在中国，博弈的关键是"解决"问题而不是"赢得"一场争执。那些试图通过公司总部派法律团队、决意让中方按照特定规则办事的做法，对于解决政治问题往往适得其反。譬如，我曾与美国能源领域的一家跨国公司合作，试图让国家发展与改革委员会接受该公司的致歉，该公司曾迫使一家中国竞争企业因实质违约行为而去应诉。这一道歉的内容是表明该跨国公司已经意识到在中国行事不同于西方，因而通过法律途径解决来问题是相当不合适的，并且使该跨国公司及其未来的投资不受欢迎。该公司令人信服地表示，自己将在

---

　　①　Elizabeth Economy and Kenneth Lieberthal, "Scorched Earth: Will Environmental Risks in China Overwhelm Its Opportunities?" *Harvard Business Review* (June 2007), pp. 88—96.

中国体制下更具效率地工作。该公司的致歉为中方所接受，其在华项目也得以继续扩展。

向中国官员行贿以图降低政治风险是万万不可行的方法。这笔钱可能是许多中国官员求之不得的，但该行为被美国反海外腐败行为法（AFCPA）所禁止，并将招致严厉惩处。并且，这种行径将使中国官员视跨国公司为有油水捞的"肥肉"，从而造成前来索贿的官员迅速增多。简言之，行贿或许能解决一、两个眼前的问题，但长远地看，则有可能造成更多、更严重的潜在问题。

在法律所允许的范围内，企业仍有许多办法来获得政治保护。跨国公司能为一个地区带来丰厚的投资、新的就业机会、主要税收来源、良好声誉，以及包括新技术在内的合意的资源。如果谈判者充分强调跨国公司能够为地方领导实现执政目标所带来的贡献，同时又言明绝不在台面下进行任何交易，许多地方领导者仍然会非常欢迎跨国公司所提供的良好发展机遇。在这种情况下，跨国公司方面提及在附近易地设厂的"威胁"往往会为促成合作助最后的一臂之力。

还有另外的合法方式。允许地方政府或当地其他个人或公司参与投资，可以更清晰地把地方权力架构与跨国公司的成功联结在一起（尽管有些时候这也不能阻止地方政府施惠于本土竞争者，而对跨国公司采取歧视态度）。聘用有良好人脉的当地精英作为员工或咨询，是合法而极有裨益的，前提是他们的行为合法且有价值。

通过以上及其他方式，跨国公司能够培植起于己有利的政治支持——至少能减少作用消极的政府干预——让它基于自身技术和产品的优势参与市场竞争。不可避免地，总是会有一些介于合法与不合法之间的灰色地带，并要求做出相应判断。从长远看，跨国公司既要考虑使自己对中方关键人物的利益的感召力（不然他们可能准备来硬的，而且"规则"很大程度上倾向于他们），同时也要注意绝不能涉足非法和不道德行为，从而维护企业的长远未来。

（三）美中关系

中国和美国之间的关系以其非常广泛的规模和深度令人瞩目。的确，2011 年，双方都将对方视为最重要的双边关系，美中关系深深嵌入在两国历史、国际政治和感情的大背景中。此外，部分由于中美双边关系的标志性影响，两国领导人都将处理双边关系作为自己国内政策成败的重要因素之一。

双方对处理双边关系都具有丰富的经验，同时也已经明晰如何不让一些小事情伤害到整体的关系。但是，两国之间的问题还是会对商业产生严重影响。无论在北京还是华盛顿，经贸关系都是一个相当大的紧张和政治压力的来源。双方有时都会威胁或使用经贸制裁措施，表达对对方的不满。

公司因此需要对中美关系的起伏保持敏感。针对美国的贸易制裁，北京习惯针对一些不相关的商品予以反击。例如，美国对中国轮胎征收高额关税后，中国商务部决定对美国家禽进口征收 43%—106% 的反倾销税。① 此外，如果中国对美国的一些政策，如对台军售不满，许多会议和活动也会被突然取消，或者限制入华签证。中国的民族主义也会由于某个双边关系问题而突然上升，美国在华的跨国公司可能被当作靶子。②

---

① "Trading Barbs with China," *Wall Street Journal*, February 10, 2010 (http: //proquest. umi. com/pqdweb? index = 2&did = 1958415241&SrchMode = 2&sid = 19&Fmt = 3&VInst = PROD&VType = PQD&RQT = 309&VName = PQD&TS = 1283108022&clientId = 13862).

② 这样的问题也出现在欧洲和日本企业。例如，2008 年，奥运火炬传递在法国受到"藏独"分子干扰，这引发了针对家乐福的示威。Jamil Anderlini, "China Moves to Head Off Carrefour Protests," *Financial Times*, May 1, 2008 (http: //proquest. umi. com/ pqdweb? index = 12&did = 1472245231&SrchMode = 2&sid = 20&Fmt = 3&VInst = PROD&VType = PQD&RQT = 309&VName = PQD&TS = 1283108432&clientId = 13862).

　　现在以及在未来可见的一段时间内，美中关系将受到中国崛起带来的影响的冲击，中美在地区以及全球事务上的互动所做出的必要调整，有时使紧张加剧。尤其是在面对一些新的全球性问题，如全球变暖、防止核扩散、全球金融和贸易规则的制定等问题时，美国和中国都缺乏就相关问题展开探讨的经验（中国在处理上述问题上，经验相对不足）。因此，管理好这些新问题，避免一些问题引发的溢出效应损害中美关系的其他方面，将尤为艰难。①

　　此外，中国一直是美国政治中的一个敏感议题。美国国会议员往往代表一个小选区，最多代表一个州。他们非常倾向于放大地方利益，从而避免行政部门采取有损国家利益的步骤。国会的规则，尤其是参议院，允许一小部分个人将他们的特殊关切公之于众，有时强加给行政部门冗长的汇报及其他责任，并启动能够导致严重的国际摩擦的立法程序。例如，1999 年，国会通过一项规定要求国防部提供一份有关中国军事发展及其对美国影响的年度评估。这种行为必然成为中美关系紧张的一个关注点，事实也证明如此。②

　　有时，白宫同中国的谈判战略也能使用国会扮"白脸、黑脸"的威胁把戏。但总的来说，国会山吹出来的风总会给中美关系造成麻烦。美国的跨国公司因此需要让它们在华盛顿的政府公关部门追踪这些发展，并随时准备向华盛顿表明公司在这些问题上的利益及可能的后果。

　　简而言之，建议公司做一件并非顺其自然的事情：持续

---

　　①　Kenneth Lieberthal, "The U. S. China Relationship Goes Global," *Current History* (September 2009), pp. 1—20.

　　②　National Defense Authorization Act for Fiscal Year 2000 (http：//thomas. loc. gov/cgi. bin/query/F？ c106：6：. /temp/ ~ c106d4k7On：e865858). The latest report is available at "Military and Security Developments Involving the People's Republic of China：2010," U. S. Department of Defense Annual Report to Congress, 2010 (www. defense. gov/pubs/pdfs/2010_ CMPR_ Final_ pdf).

密切关注中美关系的主要发展，即使这些超出它们公司狭窄的业务范围。例如，当国会在讨论针对中国的贸易扭曲政策时，中国政府通常会通过其在华盛顿的大使馆或者其他渠道对美国的跨国公司施压，让他们阻止这项法案的通过。很多公司都不太喜欢自己被放到一个迎合中国政府而反对本国政府的位置上。公司在华盛顿的处理与政府关系负责人，对于当他们有很多与公司利益直接相关的事件时，还要去关注政治和安全事务感到不快。但是，跨国公司应该了解中美两国就双边问题的谈话要点，这样可以在任何一方对商业环境可能造成损坏时恰当地提出维护自身利益的论点。在中国做生意，危机缓解中的国际关系成分比其他任何没有被美国视为流氓国家的地区都大。

二　声誉风险

中国的许多事件可能会使在中国经商的外国公司存在声誉风险。广义上讲，虽然中国"品牌"的质量完全超出跨国公司的控制范围，但是它可以产生重大的商业后果。当中国重大的"违反人权"的事件登上头版头条时，美国公司通常因没有做什么去改变那里的状况而受到攻击。[①]　当问题涉及工人待遇时同样如此。中国早期对"非典"的错误处理抹黑了中国品牌。另外，2008年北京奥运会的核心跨国公司赞助商也冒了声誉风险，因为西藏骚乱及后续的抑制和超常的安全措施，将跨国公司与过度威权而不是世界级体育竞赛联系起来。最近，中国成

---

①　"Race to the Bottom: Corporate Complicity in Chinese Internet Censorship," *Human Rights Watch*, August 9, 2006 (www. hrw. org/reports/2006/china0806/); "Letter to General Electric Company Regarding Corporate Responsibility in Relation to Beijing Games," *Human Rights Watch*, September19, 2007 (www. hrw. org/en/news/2007/09/18/letter-general-electric-company-regarding-corporate-responsibility-relation-beijing-).

了气候变化和全球化消极结果的象征。①

在中国经商伴随的声誉风险体现为更多具体的方式。美国公司会因它们在中国运营破坏环境或者违反产品安全的事件而凸显，并且由于互联网的发达，这几乎马上变成公司在本国的声誉问题。② 中国环境组织有时候强调外国公司的违规事件，是以此作为一种提高本国环境意识的政治上安全的手段。

供应链问题值得强烈关注。许多跨国公司来中国是因为更低的采购成本，并且它们开发出了多层次的供应链以满足其需求。但是，中国的经济增长已经极大超过中国的规制和监管制度能力发展的步伐。此外，中国公司的商业道德并不能保证它们将循规蹈矩。结果令人担忧，特别是由于中国公司虽然在成本上符合跨国公司的要求，但是它们会抄近路来保持盈利。产生的问题可能包括滥用劳动力、环境掠夺和产品安全问题。

中国的产品安全问题有时造成国际影响，比如一些美国狗因食用从中国进口的不合格狗粮而死，还有许多美国家庭受到中国制造的纸面石膏板的影响，它侵蚀金属和电线等，并且含有高浓度的甲醛。③ 一种中国生产的牙膏被发现含有受一种有

---

① John Vidal and David Adam, "China Overtakes U. S. as World's Biggest CO2 Emitter," *Guardian*, June 19, 2007 (www. guardian. co. uk/environment/2007/jun/19/china. usnews); Robert E. Scott, "Unfair China Trade Costs LocalJobs: 2. 4 Million Jobs Lost, Thousands Displaced in Every U. S. Congressional District," Economic Policy Institute Briefing Paper, March 23, 2010 (www. epi. org/publications/entry/bp260).

② 中国的监管团体不成比例地挑选跨国公司，指责其破坏环境的行为。参见 Economy and Lieberthal, "Scorched Earth."

③ Patricia Sullivan, "Another Pet Food Ingredient Is Contaminated by Chemical," *Washington Post*, April 20, 2007 (http://proquest. umi. com/pqdweb? index = 9&did = 1257491381&SrchMode = 2&sid = 1&Fmt = 3&VInst = PROD&VType = PQD&RQT = 309&VName = PQD&TS = 1282847971&clientId = 13862); Calum MacLeod, "New Ad Campaign Touts 'Made in China'; Scandals Spark Need to Fix Image," *USA Today*, January 8, 2010 (http://proquest. umi. com/pqdweb? index = 0&did = 1935542981&SrchMode = 2&sid = 6&Fmt = 3&VInst = PROD&VType = PQD&RQT = 309&VName = PQD&TS = 1282848343&clientId = 13862).

毒的工业溶剂感染的感冒药成分，被指控应该对 100 名受感染的巴拿马人的死亡负责。① 跨国公司可能面临更多的声誉风险问题，因为他们要在一个品牌被这类事件腐蚀的国家里扩大经营。

此外，很多美国非政府组织迫使跨国公司去积极改变中国在这些问题上的做法，例如中国政府在达尔富尔对苏丹政府的支持，但是这些远远超出了跨国公司的业务范围。当中国政府的行为受到任何企业批评时，它往往会让企业付出不小的代价。然而，无视这些问题则对跨国公司在本国造成负面影响。公司会发现自己处在一个不可能赢的境地。中国品牌在美国的此类污点根深蒂固，以至于环境、人权、反对堕胎，以及许多有着其他诉求的团体，尤其寻求把它们的问题与中国的违反事件联系起来，并把矛头指向在中国经商的跨国公司，让它们引起中国政府对这些问题的关注。②

对于大多数各类倡议性团体提出来的问题，企业难免影响甚微，特别是在中国在美国或者其他地区的总体形象问题上。但是，忽略类似"不公平"的问题，公司也冒着它们自己的风险，特别是在互联网时代，问题可以在几分钟之内到达全球的倡议性团体圈，并造成严重损失。这样的声誉风险需要一系列的对策去减少潜在的损失。

公司应派员工去密切关注中国和非政府组织网站发布的记录，以便明确问题，并在问题发展扩大之前能够做出回应。至于在中国经商的公共关系，公司们应该承认那里极其复杂的情

① Walt Bogdanich, "China Prohibits Poisonous Industrial Solvent in Toothpaste," *New York Times*, July 12, 2007（http：//proquest. umi. com/pqdweb? index = 12&did = 1303097821&SrchMode = 2&sid = 7&Fmt = 3&VInst = PROD&VType = PQD&RQT = 309&VName = PQD&TS = 1282848669&clientId = 13862）.

② Kenneth Lieberthal, "Domestic Forces and Sino-U. S. Relations," in *Living with China*：*U. S. China Relations in the Twenty-First Century*, edited byEzra Vogel（New York：W. W. Norton, 1997）, pp. 254—76.

况，同时，当改善做法和提高标准的趋势出现时，应宣传这些趋势。当单个公司或者作为整体的商业团体（比如，中国美国商会）对中国政府提出改善现状的迫切要求时，它们的努力应格外受到公共关系的关注。

跨国公司还应为缓解中国的环境和劳工问题做出重要的贡献，并在与公众沟通中强调上述努力。例如，鉴于中国的水资源短缺，可口可乐建立起了拥有世界首屈一指科技的灌装工厂，使它们在水利用上效率出众。① 总体上看，美国和欧洲跨国公司在它们的中国生产基地采用了比来自中国大陆、台湾、香港和其他地方的同类竞争者们更高的劳工标准。② 并且，许多跨国公司还致力于有关环境教育、缓和与提高公众健康的公司社会责任项目。③

公司同样需要谨慎决定投入多少资源到供应链的深度监管活动中。当供应链加入不同层级的供应商，不适当行为的发生率成倍增长。一个公司能审慎控制自己供应链的程度是有限的，许多中国供应者对于规避企业遵守标准的努力已经很娴熟。④ 但是公司仍应该做出实质性的、集中的努力，以解决供应链呈现的脆弱问题上。⑤ 公司应仔细考虑投入多少资源以适当监管整个供应链。鉴于中国普遍的腐败，应充分考虑多少监

---

① Economy and Lieberthal，"Scorched Earth."

② Alexandra Harney，*The China Price*：*The True Cost of Chinese Competitive Advantage*（Penguin Press，2008）.

③ 关于通用电气的清洁技术周，参见 www. ge. com/news/chinanews/index. html；美国嘉吉公司在中国的地球日活动，参加 www. cargill. com/news. center/news. releases/2009/NA3011359. jsp.

④ Harney，*The China Price*，pp. 181—234.

⑤ 例如，在苹果公司生产手机屏幕过程中使用有害的清洗液的事件对其供应链产生了很大的影响，也导致了很多国际负面报道。"Workers Sickened at Apple Supplier in China," *New York Times*，February 22，2011. 另参见 Jeanne Carstensen，"On Stage and Afterward，Spotlight on Apple in China," *New York Times*，February 26，2011.

管才是足够的。因产品安全问题而带来的法律责任可能令人气馁，并且有严重的声誉风险。问题在于在中国法律执行力非常弱的情况下，应如何发展出适当的法律保护。

最基本的，应该考虑在供应链上推行成本节约在多大程度上是合理的，否则极易发生通过不法手段达到节约的要求。通常使用的方法如合同责任、突击检查、专业培训和对是否有污染材料的仔细检测，可能对于处理在中国的多层操作产生的一系列供应链脆弱问题是不够的。并且，考虑到来源于供应链问题的声誉风险，跨国公司应该设立公司通讯来特别关注声誉风险的管理。

三　道德风险

中国的商业机会和环境引发了一系列的道德问题。这些问题过于复杂，以至于我们只能提供一个简单的样本，用以说明公司可能遇到的不同类型的困境。这些道德问题没有经过检验的正确答案。但是，公司必须觉察到这些问题的重要性和普遍性，并且在人员培训和公司政策执行过程中时刻保持对这些问题的关注。

（一）典型的道德难题

以下几个例子说明了外国公司在中国经常遇到的几类道德难题，每一个都是基于我所知的具体事件。

——例一：作为某个电子邮件服务提供商，中国的国家安全保卫部门向你索要某个电子邮件主人的相关信息。在什么情况下你应合作？

——例二：总体而言，中国的销售渠道非常地方化和具体化。绝大多数商品通过同当地官员及相关公司保持密切关系的经销商完成最终销售。[1] 如果你在上海唯一的经销商告诉你除

---

[1]　Hexter and Woertzel, *Operation China*.

非私下支付经销商 5% 的额外收入（他说这是惯例，并且把其计入价格结构），否则他将中断从你这里进货并把这笔生意交给你的一个主要竞争对手，你该怎么做？尤其是在你不认识其他任何可以把你的特色产品提供给零售商的经销商的前提下？

——例三：你的玩具符合中国的产品安全要求，可以在那里销售，但是却并不完全符合美国的玩具安全标准，你该怎么做？

——例四：你已经建起了一座大型设施，却发现除非你给当地的供电局领导一万美元的好处费，否则你将无法获得电力供给。你应支付这笔贿赂吗？公司总部的领导非常清楚地指示，要这个设施立即投入生产。

——例五：你的工厂每周都要接受消防、健康、审计等其他市政府部门的检查。此外，这些检查员通常都在饭点前来，并希望你请客。同时，你非常清楚请该市市长到美国游览一次就会排除这些困绕。你是否应该安排市长前往美国同你们公司的高层见面，并在回国途中在拉斯维加斯停留？

——例六：你的项目必须得到一位中央政府官员的批准，因此你需要见这位官员，但是他的秘书要求你支付他 5000 美元的好处费来安排这次会面。这一项目对于你在中国的商业计划非常重要，并且价值 6 亿美元。那么你该贿赂这位秘书吗？

——例七：你主要的欧洲竞争对手在一次电力行业的竞标中通过贿赂提前知道了你的报价。你被告知，如果想得到你的欧洲竞争者知道的消息，那么你也必须付出同样数额的贿赂。你该怎么做？

——例八：你公司的业务主要在零售领域，依靠价格参与市场竞争。因此你在中国建立了规模很大的采购体系。但是你发现在你的供应链第二层的供应商违反了劳工标准，你该怎么做？如果是在供应链第三层，或者是第四层的供应商身上发生这种事呢？你的监管、培训和检查应该深入到什么程度？什么时候在这方面的支出将完全抵消在中国的采购优势？

以上绝大多数的行为都违反了美国反海外腐败行为法（US Foreign Corrupt Practice Act），也将引起公司总部的恐慌。但这也反映了中国现实中的某些习惯性做法，或称之为腐败行为。同时，即使腐败被揭露，也很少会对那些由于拒绝行贿而遭受损失的公司进行补偿。向中国政府举报这些准合法或非法的索贿要求，几乎无一例外地将使该公司今后在当地举步维艰。

使事情变得更复杂的是这些问题通常并未引起公司总部高管的关注，而是通常在中国的分公司内部解决。如果销售者不能设法私下给购买者一部分利益，那么购买者会让销售者感觉到很不安全。希望取得一些业绩的经理们可能将面对很大的压力，尤其当由于一个员工不能设法满足中国方面自认为理所当然的额外好处而危害及公司的重要合作机会时。而且，很多中国雇员成长在一个送礼文化的环境中。他们可能真心地认为，送礼加强关系比西方要求下的保持距离的商业公平交易更加适当。

当然，很多雇员觉得，在中国的送礼文化下，想要区别出非法活动和正常的社交活动是比较困难的。在什么程度上，一顿晚饭和娱乐，从展现社交的高档变成贿赂？在什么情况下礼物可以被认为是合理合法的？雇佣领导干部子女和亲友是否是适当的行为？如果可以的话，那么在什么条件和什么位置上是合适的？如果这些子女或者亲属符合相关条件，那么这会化解难题吗？哪些是这一决定的核心原则？

（二）描绘道德蓝图

上述问题并不存在一种万能的解决方法。灰色地带几乎无所不在，而且演绎的空间通常很大。所有的美国企业应该明确表明不行贿，不违反美国反海外腐败行为法是它们的核心价值观。正如此前提到的，支付非法贿赂使跨国公司成为板上鱼肉。贿赂也许解决眼前的问题，但也一定会为未来发展埋下隐患。

处理此类问题的一个必要的开端是将这些问题提升到公司最高层的关注点上。使公司最高层的管理人员对于中国的运营环境有所了解，向他们汇报类似上述这些情况，以得到有关公司原则、首要任务和操作界限的指导。如果这一步能够诚实做好，那么可以避免以后很大的麻烦。这一行为也可能带来风险：因为它创造了一个纪录，可能有后续的法律结果。但是如果没能深刻了解高管对于这些行为的立场，则面临的风险可能更大。

在公司内部有效地阐明这种沟通后得出的结论是非常重要的，尤其是对公司在销售、采购、与政府的关系和其他前线部门雇佣的当地人。对于这些人来讲，美国公司的从业标准可能是很模糊，令人不舒服的，而且同他们所要负责的商业责任相互掣肘。很多人可能会认为这些标准只是做给人看的，设立所谓台面上的标准，而在实际中"抓住老鼠的才是好猫"。

因此，训练公司员工的从业道德标准必须成为重要的一项工作。培训不仅仅在于告知员工从业标准和从业道德，而且要告诉他们为什么设立这些标准以及违反之后受到的惩罚。运用角色扮演和以此展开的讨论是一个有效的方法，不仅传达了规则，还阐释了规则背后的精神。这些不仅仅应该被称为"应做的正确之事"（什么是正确的不一定在每一个文化中都完全一致），还应该被看作是使公司能够在全球运转的根本原因，应当明确这一原则是不能妥协的。

可行的话，将公司中层管理人员带到总部高层面前，让这些经理人站在总部的角度思考和运作。在总部待上几个星期或者一个月的时间会使中层人员对于公司的结构、过程、目标、文化和基本道德有着更加深刻的认识和了解。在这时候最好能特别强调公司道德和其背后的原因，并在概论的基础上用实际事例阐明。

当这项培训落实之后（加上至少每年的复习），很重要的一点是要证明这些规则是很严肃认真的事情。如果发生明显的违反这些规则的行为，相关负责人应该被严肃处理，而且该公司在全中国的分公司都应该知道这件事。力拓集团（Rio Timo）开除了四名公司中国业务主管，这些人因涉嫌运用政治压力达到商业目的而被逮捕。他们行贿的事件一经证实，力拓集团公司迅速开除了这几人，并在公司范围内宣布他们因为违反公司道德准则而被开除。①

道德准则通常被认为是在像中国这一比较腐败的商业环境下，增加运行成本的举措，因为可能因此错失商机。但是，公司应该通过把明确跨国公司的高标准转化为一个针对特别消费群体的提价因素，与其他低道德水准的商品区分开，从而将其道德准则转化为竞争优势。这一路径是，一个跨国公司应该让公众熟知自己的道德标准，使其成为一种商业优势，而不是让这些事件迫使公司在商业利益和名声、道德间做出选择。这一战略是可行的：中国中央政府自身也承认，它为糟糕的公司道德水平和腐败环境支付高昂的代价。跨国公司因此可以把自己的目标同中国政府的国家目标相结合，以高道德标准作为自己公司的一个品牌，贯穿全部的公司行为，同时肩负起相应的社会责任。

有关道德的话题已经延伸到贿赂和腐败问题之外更广泛的空间。中国消费者越来越担心产品安全，这种担心随着无数有关产品安全不达标而造成人身伤害和疾病的报道越发强烈。很多安全违法行为在贿赂和腐败环境下得以滋生。跨国公司可以

---

① James T. Reddy and Chuin-Wei Yap, "Rio Sets Changes in China Business," *Wall Street Journal*, August 21, 2010（http：//online. wsj. com/article/NA_WSJ_PUB：SB10001424052748704488404575441084199077548. html）。

通过强调自己的生产过程遵守道德法则进而最大程度上打消消费者对质量的顾虑。一个精心设计的宣传活动，可以给吸引该公司到当地投资的当地领导带来很高的声誉。当然，这样的做法让公司今后一旦被揭露有违法道德行为，就会无比脆弱。因此，公司在中国的分部必须恪守全公司通用的道德标准。

　　总而言之，中国的环境使得跨国公司几乎必然地要面对道德难题。这些问题很难处理：灰色地带大量存在，法律和道德风险非常巨大，因此需要公司律师和检查部门工作人员对此更多地关注。公司的各级管理，应当用公司的相关标准来思考并研究它们在中国环境中的应用，并应用于人力资源培训方式及相关的报告与决策过程，使其能够快速有效地应对可能产生的困境。

四　网络风险

　　无论身处何地，公司都在网络环境中运营，需要大量的安全预防措施。因为网络空间没有国界，在中国产生的问题不限于在中国经营的公司。但是，有中国业务的公司应该强烈意识到他们面临的数字风险。虽然一些国家拥有采取密切监视和穿透公司经营的能力，但是中国的风险是综合性的，来源于网络的发达、中国公司和各级政府机构可能随时进行广泛的密切合作，并且缺乏有效的约束国家行为的法律保护。

　　在这个问题的技术低端，例如，笔者最近注意到，在他入住的一家上海五星酒店的预订确认单上印着一行小字的声明，请使用该酒店互联网服务的顾客注意，法律要求酒店提供当地的公安局所有通过该酒店网络的通讯。笔者得到进一步确认，当地的公安部门不但可以追踪发送出去和接收到的信息，也可以记录使用该酒店网络的任何一台电脑的每一个按键。北京其他酒店的调查清楚地说明了它们的情况也是相同的。并且，电脑专家们肯定地说，在这样的环境中，公安部门可以非常容易且迅速地下载用户电脑硬盘和插在电脑上的储存卡上的全部材料的内容，包括用户在官方正式介入前所删除掉的所有文件。①

中国主要城市的有形的监视能力是极其强大的。在北京、上海和深圳，很难找到一个公共空间不在警方的电子监视之下。实际上，北京的每一辆出租车上都有一个微型麦克，司机可以用来直接给警方提供消息。② 一些住在上海的商人，即使他们经营着很小的、几乎无关紧要的公司，都发现在他们的车上被安装设备来跟踪他们的每个行动。③ 可及的技术让中国安全人员监听几乎每一段对话、监视每一项活动成为可能。④ 这些能力是否被用于特定事件取决于中国方面的兴趣，而不是监管条例。有证据表明，这样的能力常常用在谈判和商业经营中获得竞争性优势。

很难准确了解入侵公司系统的能力如何，什么时候是中国的政府机构主导的，什么时候是中国其他的行为者主导的。⑤ 在网络领域，确认"归属"是一个非常困难的问题，特别是考虑到一些坏人可以使用其他人的电脑（当物主没有察觉的情况下）去攻击公司和其他系统。此外，网络领域技术不断发展变化。

来自中国的网络威胁比大多数公司主管意识到的要更加严

---

① DELETE 键并意味着把文件完全从硬盘中删除。实际上，文件将进入驱动器保存"已删除"文件的部分，用户将无法从计算机中看到它们。但它们可以通过特殊的软件恢复。

② Shai Oster and Gordon Fairclough, "Beijing Taxis Are Rigged for Eavesdropping," *Wall Street Journal*, August 6, 2008 (http：//online. wsj. com/article/SB121795982193713959. html). Cameras and microphones are placed in everycab in Wuhu, Anhui. See "Taxi Cameras Cause Public Unease in East China Province," Xinhua, September 20, 2010.

③ 这一情形发生在笔者朋友的身上，出于这样或那样的原因，他们无意中发现了放置在他们车上的追踪器（有一次是窃听器）。

④ 即使在房间里没有麦克风，已有技术可以在窗外一定的距离里通过捕捉窗户的震动来窃听房间内的对话。

⑤ 中国拥有大规模的、令人生畏的黑客群体。显然，他们中的很多人单独工作或组成志趣相投的群体，但有一些有时也为政府或其他机构工作。

重。来自所谓中国"黑客"的攻击曾几乎将整个印度政府的电脑系统置于其威胁之下。① 同样的情况也发生在美国 F-35（最先进的喷气式战斗机）项目一家国防承包商的电脑系统上：多达 4TB 的 F-35 工程设计数据被盗。②

不幸的是，如此骇人的故事并不鲜见。谷歌系统数据泄露及源代码失窃（包括用来为谷歌信息加密的代码）事件已经广为知晓，而与此同时还有数十家跨国公司遭遇了同样的问题。③没有任何理由相信此类危及公司信息系统安全的活动正在减少。实际上，通过非法入侵系统而获得的数据量之大，被侵害者唯一的慰藉恐怕就是入侵者或许难以处理并理解这些庞大的数据。但对这点的反驳是，相当一部分数据入侵是针对特定公司、以获取特定信息为目的的。据推测，入侵者取得了必要的内部资源去开发旨在赢得竞争优势的新数据。④

当然，中国并非世界上唯一有技术能力（包括官方的和民间的）实施大规模网络间谍活动的国家。当然，中国人认为他们自己在别国的此类活动面前同样是脆弱的——因为他们所使用的电脑软件的相当一部分是盗版的。⑤ 他们担心这些软件的

---

① Ron Deibert and Rafal Rohozinski, "Shadows in the Cloud: Investigating Cyber Espionage 2. 0, "A Joint Report of the Information Warfare Monitor andthe Shadowserver Foundation, April 6, 2010(www. scribd. com/doc/29435784/SHADOWS-IN-THE-CLOUD-Investigating-Cybe-Espionage – 2 – 0).

② Siobhan Gorman, August Cole, and YochiDreazen, "Computer Spies Breach Fighter-Jet Project," *Wall Street Journal*, April 21, 2009 (http：//online. wsj. com/article/SB124027491029837401. html).

③ Kim Zetter, "Google Hackers Targeted Source Code of More than 30Companies," *Wired*, January 13, 2010 (www. wired. com/threatlevel/2010/01/google. hack. attack/).

④ James Mulvenon, "Censors and Hackers：The Role of the Internet in U. S. China Relations," presentation at the Brookings Institution on April 19, 2010.

⑤ Wang Qian, "Government Offices to Purge Pirated Software,"*China Daily*, January 7, 2011(www. chinadaily. com. cn/china/2011 – 01/07/content_ 11805864. htm)；Elizabeth Montalbano, "China Cracks Down on Software Piracy,"Information Week, December 1, 2010(www. chinadaily. com. cn/china/2011 – 01/07/content_ 11805864. htm).

安全漏洞广为黑客及其他国家的政府所知，而且厂家只会给正版用户而非盗版软件用户提供补丁。另外，中国人非常担心他们从欧美公司进口的某些大规模数据库管理软件被提前植入了"后门"，以便日后窃取数据。①

同世界大多数国家相比，中国的不同之处在于，在网络间谍活动中它综合了世界级的技术并拥有非常全面的能力，政府机关和许多公司间的密切联系，但对于安全部门在什么程度上可以帮助中国企业获得竞争优势，缺乏有效的法律和规章限制既缺乏又不明确，而且中国各级政府在这些中国企业中持有相当大的股份。

外国公司要想完全避免中国方面侵入数据库几乎是不可能的，尤其当它们可以对跨国公司内部人员施加巨大的压力时。但跨国公司有必要现实地评估数据入侵可能造成的损失，并且做好最坏的打算，即中方已经获得了一切有可能获得的数据，并将其用于将目标企业置于不利境地的行动。这就至少要求跨国公司做到如下几方面：

——开发高质量的、稳定可靠的数据防护系统来保护关键性的数据和通讯，同时要不间断地进行网络监测，从而确认防护是否已被突破并对恶意软件和丢失的数据进行及时处理。

——对全体相关员工开展有关其所面对的数据威胁的持续的、大规模的培训，强调威胁的严重性和避免数据泄露的最好办法等。鉴于很多人看过这些演示后，转头就忘，认为是危言耸听，因此有必要通过模拟仿真进行实况展示，同时就数据泄露案例的发生过程及后果做深入介绍和分析。

——建立和使用针对公司员工数据使用情况的监测系统，

---

① Michael Wines, "China to Begin Crackdown on Pirated Software in 2011," *New York Times*, January 7, 2011 (www. nytimes. com/2011/01/08/business/global/08piracy. html) .

并对违反相关规定的个人或单位进行公开处罚。

目前来看，上述三点建议中的第一点在多数公司实施较好，而后两点则鲜有公司积极采用。有人可能会认为这些措施把问题考虑得过于严重，并可能使其在华员工背上包袱。实际上，也正是这些人，他们的企业在中国大规模的、旨在赢得竞争优势的数据窃密活动面前变得脆弱并易受攻击。

五 环境风险

中国的自然环境正在遭受严重威胁，这也引起公众极大的焦虑。因为环境的污染，现在在中国各地存在着很多"癌症村"，或者其他疾病猖獗的社区，或是有着超乎寻常的高流产率和先天畸形率。[1] 由非法排放造成的水污染导致了中国大部分的表层水不适宜人类接触。太湖和中国沿海部分地区的藻类大量繁殖，造成了大量的鱼类死亡并产生一系列的问题。[2] 环境污染往往因当地政府与制造业或是当地发电企业的腐败关系而持续。[3]

国家领导人意识到了环境恶化并在改善环境以及清洁科技上不断增加投资。这给能够给解决中国所面临的各种环境挑战提供手段的跨国公司提供了潜在的巨大机会。其实，聪明的公司（特别是在清洁能源领域的）清楚，只有扩大规模才能使新

① Nicholas Kristof, "Where Breathing Is Deadly," *New York Times*, May 25, 2008 (www. nytimes. com/2008/05/25/opinion/25iht-edkristof. 1. 13189156. html) ; Dan Grifiths, "China's 'Cancer Villages' Pay Price," BBC, January 17, 2007 (http: // news. bbc. co. uk/2/hi/asia-pacific/6271103. stm).

② Wu Jiao, "Pollution Threatens Taihu Lake," *China Daily*, November 11, 2005 (www. chinadaily. com. cn/english/doc/2005 – 11/01/content_ 489394. htm).

③ Elizabeth C. Economy, "The Great Leap Backward?" *Foreign Affairs*, September/October 2007 (www. foreignaffairs. com/articles/62827/elizabeth-c-economy/the-great-leap-backward).

科技具有竞争力。于是，它们把如何借助中国的能力来建立实验项目和扩大规模作为商业战略的核心。

中国的自然环境受到多方威胁，而其特有的政治经济给环境治理带来了许多问题。如果跨国公司不把环境问题纳入运营战略考虑，这个充满希望的国度就会成为他们的噩梦。环境的风险几乎会影响中国商业运行的方方面面，而且以各种意想不到的形式呈现。

在世界大部分地区，企业能享受稳定充足的干净水源供给，但是在中国情况则不同。水源的获取和质量关系到公司运营是否成功，必须有所考虑。中国的水质量通常很差，事实上绝大多数湖泊和海岸水都被严重地污染，广泛传播的水的富营养化问题使地区大面积的基本水供给都可能突然出现问题。[①]中国北方的大部分地区遭受着不确定的水资源供给和普遍的水资源短缺的痛苦（与此同时，许多中国南方地区常遇到洪水）。其实，水资源短缺在中国北方的许多城市如此严重，以至于他们不得不实行长期水定额配给制度。

水像其他资源一样，在发生严重问题时可能会上升到政治路线的高度来解决。举例来说，在北京奥运会举办前夕，政府从北京周边省份调用水源，以创造出他们希望的水源丰盈的比赛环境。这严重影响了许多缺水地区的生产。[②] 企业应当首先确认它们的设施能够获得必要的水源供给，并且有能力使水源达到所需的纯净度。它们同样应当有后备方案来应对潜在的为期数周或数月的停水。

空气污染也非常严重。这些污染以不同形式和特质遍及全国，甚至在一个大城市中也有不同的表现，但总体来看问题严

---

① Wu Jiao, "Pollution Threatens Taihu Lake."

② Richard Spencer, "China Wrung Dry of Water for Thirsty Olympics," Telegraph (United Kingdom), February 2, 2008 (www.telegraph.co.uk/news/1577367/China-wrung-dry-of-water-for-thirsty-Olympics.html).

重，应当予以重视。空气污染产生了预期的后果，包括酸雨、可吸入颗粒物超标、加速的腐蚀、能见度降低，以及严重的健康问题，等等。大气和水的污染共同导致了严重的疾病传播。在长江下游地区，水传播的肝炎感染比例已达到令人吃惊的程度。那些被称为"癌症村"的地区也是大气和水传播的致癌物质的结果，遍布整个中国。哮喘成为流行病，慢性呼吸道疾病的总体发病率是美国的很多倍。① 这些问题危害了员工的健康并给企业增加医药费用的开销。这也使国际外派员工不情愿来中国，更不让他们的家人与他们一起住在中国。

因此，环境问题影响到生产的成本和资金，有时影响十分严重。它影响了员工的健康，潜在减少了愿意去中国任职的外派员工，增加了在生产系统中确保水和空气质量的成本，并且需要额外花费在建立应对水供给减少或完全停用的后备方案上。

环境问题同样能够产生声誉的风险。主要有两种形式，第一种是环保主义者发现攻击跨国公司而不是有权势的国有企业对环境的危害，在政治上比较安全。他们希望通过攻击跨国公司来唤起人们对需要提高环境标准的关注，但是这对跨国公司声誉的（或是商业的）影响巨大，不论在中国还是国外都是这样。② 第二种情况是，交通运输的发展十分迅速，安全性却极差。严重的环境事件正变成家常便饭。在把危险化学品或其他材料从供应链的一个环节运输到另一个环节的过程中，由于泄露等事故而造成重大损失的可能性是很大的，类似事故使企业

---

① "Hepatitis E," Travelers' Health Yellow Book—2010, Center for Disease Control and Prevention（wwwnc. cdc. gov/travel/yellowbook/2010/chapter – 5/hepatitis-e-aspx）; Kristof, "Where Breathing Is Deadly"; Grifiths, "China's 'Cancer Villages' Pay Price"; and Joseph Kahn and Jim Yardley, "As China Roars, Pollution Reaches Deadly Extremes," *New York Times*, August 26, 2007.

② Economy and Lieberthal, "Scorched Earth."

付出的金融或声誉代价是沉重的。①

中国的环境问题无处不在，没有公司能完全抵御所有风险，但是公司可以确立一些方针部分缓解中国环境退化带来的挑战。

——将全球标准和最佳实践带入到在中国的运营中，即使中国没有那么严格的要求。这将使中国管理更易进入全球化商业的宏伟蓝图。这也确立了公司作为环保领导者而不是潜在的落后受攻击的角色，避免因为被指控为马虎执行环境标准，而只是把中国视为排放高污染生产废料的地方。

——参与有关环境问题的企业社会责任项目。支持民间环保组织致力于提升人们对于环境问题的理解和培养相关最优方法。参与公立学校的提高环保教育的特殊项目。为学生提供实习的机会，使之获得在公司的运营领域中分析和缓解环境问题的经验。

——减少企业在中国的环境足迹。使用节水科技和方法等来减少能源和资源的使用。尽可能回收工业生产的废弃物。公司应成为认真对待环保问题和保护环境的典范。销售产品时强调对中国环境的益处，因为它们是公司把"清洁"生产技术带到中国的具体表现。不论是在大众还是政府的层面，清洁生产都是有价值和被尊重的。

——建立一个能够包括由中国环境恶化造成的问题的健康系统。癌症、呼吸道疾病及肝炎等与环境相关的疾病的发生率超乎寻常地不断升高。儿童通常患上慢性哮喘。一份囊括当地所有疾病的医疗保险方案能够帮助员工，同时也使公司免于忽

---

① Helen Yuan, Feiwen Rong, and Diao Ying, "China's Environmental Accidents Double on Growth Toll," *Businessweek*, July 28, 2010 (www. businessweek. com/news/ 2010 – 07 – 28/china-s-environment-accidents-double-on-growthtoll. html). 最近的一个例子，参见以下文章关于抚顺漏油事故（这是中国有史以来最严重的一次漏油事故）详情的论述：Chris Hogg, "China Struggles to Recover from 'Worst Ever' Oil Spill," BBC, July 30, 2010 (www. bbc. co. uk/news/world-asia-pacific-10819987).

视员工福利的指控，特别是外派员工应该得到完整的保障。

上述的各种行为应该彰显在跨国公司的公共关系中。开发出一个包括了"清洁"生产和总体环保的品牌，将是在当今中国最大的赢家。在这个领域，跨国公司可以通过做"好事"来取得成功，这需要对根本性问题进行深入思考，并且有一个成熟的公共沟通策略。

六　公司治理风险

大批在中国的企业需要与中国厂商建立重要关系。在许多经济部门，像是汽车装配，外国公司经营比例不允许超过50%，因此必须与中国企业形成合资企业。跨国公司或许会寻求收购具有某种特别技术、科技或市场定位的中国公司。

根本问题在于中国的公司治理不是我们看起来的那样。举例来说，许多国有企业有一系列上市的子公司，但是下属子公司的管理层必须向母公司报告，即使母公司只掌握了这家上市公司的小部分资产。即使上市子公司有大量的托管人和各种为投资者参加所设的条款，实际上母公司或子公司的党委在管理着公司，董事会和股东都不能干涉。在海外上市的中国公司可能拥有更多的保护，但是远没有完善。①

另外，中国企业中股份持有通常复杂且模糊。政府实体直接或间接持有股份也不是特别的事，但是很难追踪和调查清楚。此外，不允许直接借钱的当地政府通常建立投资公司作为工具来向银行借钱去投资其想建的项目。它们把在资产（土地和其他财产）和未来的赋税收入作为担保。大部分这种情况的估算都颇具风险，2010 年 10 月 14 日《中国证券报》报道了对

---

① Richard McGregor, *The Party：The Secret World of China's Communist Leaders* (New York：HarperCollins, 2010).

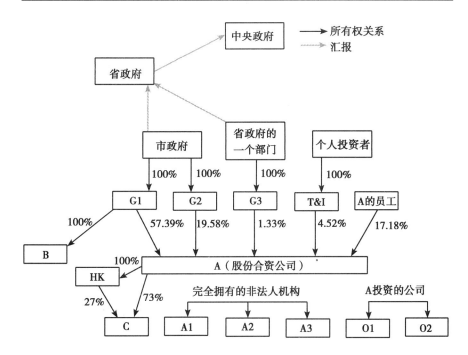

图5−1　合资关系图（假想公司A）

资料来源：Qi Tang, "Relationship Mapping," *China Business Review*, vol. 30, no. 4（2003），p. 29（http://search. proquest. com/docview/202680122/fulltextPDF/12DDD18234C1C3F1DF2/1?ACCOUNTID=26493），经美中贸易全国委员会许可翻印。

a. 图表5−1表现的是一次真实收购案例中的收购对象公司A及其关系网，初步呈现了大环境和其中的主要行为者。在建立和分析这个关系网的过程中，开展收购的公司发现了几点事实：

——G1和G2是市政府的企业，两者一起组成收购对象A公司的多数股份拥有人。

——在几年前试图重组A公司进行首次公开募股失败后，G1成立了一个另外的企业集团B（或者叫"垃圾桶"）来持有A公司的坏资产和不良资产，以使A公司看上去更有吸引力。G1拥有B，而B仍是由A来管理。

——在中央政府指示下，G1、G2想要卖掉它们在A公司所有的股份，但它们作为政府利益的代表人，想要尽可能减少这次实际上是私有化造成的社会影响，以保护个人投资者的利益。

——G3是省政府的一个公司。它因为自己和省科技部门的联系，一开始想要增加首次公开募股的价值，但现在公开募股失败后，想把自己在A公司的1.33%的股份现金兑现。

——T&I只是一个纸面上的公司。它代表了拥有A公司股份的个人股东，这些股份只有法人可以持有。现在这些个人股东和A公司的职员股东一样担心A公司糟糕的业绩，想要卖掉所持的股份。

——HK是一个完全由A所有的海外子公司。A公司利用了HK把资金打了个来回，成立了合资公司C，享受优惠政策。

——C是A的主要供应商，并且转移定价，帮助A获取最大化的利润，享受最低的税。

——A把A1、A2、A3这几个部门的运作管理外包。A1是A的核心，也是盈利最高的部门。A2和A3是A1的供应部门。

政府的研究，发现在 2008 年至 2010 年期间，有 1.2 万亿美元此类给投资工具的贷款，其中超过 26% 以上将有去无回。而且，也很难知道这些当地提出的担保到底是否能够负担现有的债务。①

最后，在中国以投资目的进行的评估，不仅要理解对于当前资产和债务、产品的市场潜力、公司经营和管理质量以及相关规定，更要理解公司业务的状况反映了哪些来自政府机构潜在的支持，而失去支持可能会突然把公司置于困境之中。这种政治风险有多种形式，2004 年，政府突然宣布几家主要电信公司的首席执行官相互调换，他们成为了之前竞争对手的领导。② 这种人事变动同时进行并且发生得很快，并没有事前告知。这些是由党中央批准的，完全没有考虑到各公司总管各自所掌握的商业机密。更普遍的情况是，一些中国企业领导因为政治原因突然下马，引发其所在公司严重危机。③ 这些事实在判断在中国的投资风险时，格外棘手。

本章指出的所有问题，都值得每家跨国公司制定自己的原则、指导方针和具体政策来解决其风险。本章回顾的每种风险都已经给在中国的跨国公司带来了挑战，如果公司没有提前制定出合适的应对措施，只能后悔莫及。

简而言之，对于准备好去抵御风险的跨国公司来说，中国意味着巨大的商机和丰厚的回报。中国是一个高风险的环境，公司需要付出相应的努力来制定缓解风险的方法和方案。

---

① Simon Rabinovitch and Melanie Lee, "China Sees 26 pct of Local Debtat Serious Risk," Reuters, October 14, 2010 (www. reuters. com/article/2010/10/14/china-loans-idUSTOE69D01420101014? pageNumber = 1).

② "Musical Chairs: China's Telecoms Reshuffle Shows Investors Who Is Boss," *Financial Times*, November 3, 2004 (http: //proquest. umi. com/pqdweb? index = 4&did = 728794141&SrchMode = 1&sid = 4&Fmt = 3&VInst = PROD&VType = PQD&RQT = 309&VName = PQD&TS = 1288697909&clientId = 13862&cfc = 1).

③ 例子参见 McGregor, *The Party*, p. 64 和 "Chinese Tycoon Huang Guangyu Jailed for Bribery," BBC, May 18, 2010(http: //news. bbc. co. uk/2/hi/asia-pacific/8688623. stm).

第六章

展望未来

中国是一个处于巨变中的大国，众多事物都正在快速变化，无人能够准确预知其未来。持续高速增长势头在政府计划、民众期望和基本的政治经济运行的作用下，势不可挡。基于此，这一体制依托自身内部运作的优势可以实现非同寻常的增长。而且，上述增长已深入内陆地区，并受到人口从农村向城市的大规模流动、基础设施大幅度扩建和广大渴望知识的民众得到受教育机会的带动。

但挑战无处不在。几乎所有的自然资源都十分紧缺，而经济的进一步扩张正使问题激化。人口的年龄结构正在使未来十年里对商品和服务的需求及低成本劳动力的供给发生变化。中国的民众不再是过去几十年清一色的"普通大众"。他们越来越多地表达自己的意见，寻求个人收益，向政府提出要求。他们对腐败、不平等、环境恶化的抱怨，表现在民意调查、公共示威和其他各种群体性事件中。

在国际舞台上，中国已经在从汇率、碳排放，到核扩散的诸多全球性问题上都具有影响力。中国业已成为全球决策的主角，不仅是联合国安理会的五个常任理事国之一，也是 20 国集团的重要成员之一。此外，中国还在国际货币基金组织和其他组织中有着日益增加的影响力。但是，鲜有证据证明，北京方面已经像大国那样，从承担国际责任的角度思考问题。中国继续关注国内增长与稳定、捍卫国家主权等，而上述需求与国际责任间的紧张关系已开始凸显。这种紧张关系在多大程度上有所发展，并引发与其他重要的发达和发展中国家之间摩擦，现在还是未知数。

仅是未来十年，中国可能的发展就有很多形式和方向，远超过其他任何大国。但是，除非在战时（这一情形极不可能发生），任何一种情况都将给很多领域的外国企业提供主要的商业机会。

对于商业而言，中国体制有很多方面是至关重要的，而且可以预计它们在未来的五至十年内将出现些微的变化。它们包括以下基础性要素：正在进行的城市化、地方的基本政治经济和地方领导人的职业发展激励机制、政府内部的官僚体系与流程、整个体系中知识产权保护的表现、来自中国企业不断增强的竞争、仍处于初期的商业道德、整体上处于政治权威下的法律体系、广泛蔓延的社会矛盾，以及随之而来的各类跨国公司在华经营所面临的风险。当然，将有一些具体的变化，并且将是十分重要的，但是几乎可以肯定地说，这些变化不足以改变本书中的核心分析和对外国企业公司战略的启示。

这些启示意义深远。在很多商业领域，不能成功地抓住中国机会将导致在未来的全球竞争失败。但是，企业需要了解中国体制中的基础性要素，并做出重大调整以适应其环境。这些努力应当至少在十年的时间里使企业在事务繁多中朝着一个方向前进，即：创建有力的国家团队、从根本上改变产品研发方式、分散经营决策并转变人力资源政策。简言之，企业领导人需要知晓在很大程度上他们的竞争优势不在于他们在国外设计的产品，而是他们研发和营销能够在中国市场上成功的产品的综合能力和资源。

幸运的是，从做出改变中获益并不局限于中国。企业的适应能力和研发的产品将使企业在其他新兴市场中处于优势地位，而未来的几十年里世界大幅的增长将出现在这些新兴市场中。从更为广泛的意义上讲，随着时间的推移，全球均势的变化将弱化华盛顿共识，而在中国出现的各种成功转型模式将在应对国际规则和制度的演进中显得更为突出。

中国未来的非常不确定性增加了现有动力系统中的内在风险。但是企业的核心任务是提供解决方案，中国恰恰有一系列问题等着找寻答案。所有的环境问题都将成为未来几十年里中国经济的大幅增长点，包括能源使用率、低碳发展、环境改善，以及如水处理、节水科技、海水淡化等水资源管理问题。健康和金融服务的规模也将快速增长（尽管在上述两个领域对外资企业参与的限制仍不确定），基础设施建设的繁荣发展仍将持续多年，直到能够为在未来 10 年至 15 年新增的 1.5 亿城市人口提供体面的居住、交通和其他福利。

成功适应的关键是理解问题的核心特征及其带来的相关议题。本书尝试通过找出企业为实现在华成功而需要提出的关键问题和指出解决方案的主要构成，来提供有用信息。最佳答案将不可避免地依据不同企业的独有特征而变化。把提出正确的问题、形成一套良好的指导原则作为解答问题的出发点。除此之外，别无任何替代方案。

主要参考文献

Agricultural Council of America. "Food/Fiber/Biofuel Chain. " 2008.

Ali, Shimelse, Uri Dadush, and Vera Eidelman. "Will Developing Economies Help Sustain the Global Recovery?"Economic bulletin. Carnegie Endowment for International Peace International, 2010.

American Chamber of Commerce in the People's Republic of China. "2010 China Business Climate Survey. "

Anderlini, Jamil. "China Moves to Head Off Carrefour Protests." *Financial Times*, May 1, 2008.

"Angry Villagers Stage Lead Poisoning Protest in Northwest China. " BBC Monitoring Newsfile, August 17, 2009.

Ansfield, Jonathan. "In China, Magazine Editor Quits in a Battle for Control. " *New York Times*, November 10, 2009.

Barboza, David. "China's Internet Giants May Be Stuck There." *New York Times*, March 23, 2010.

———. "China Unveils Sweeping Plan for Economy. " *New York Times*, November 9, 2008.

———. "Workers Sickened at Apple Supplier in China. " *New York Times*, February 22, 2011.

Beijing Group. "Beijing's Water Crisis: 1949—2008 Olympics. " *Probe International*, June 2008.

Bogdanich, Walt. "China Prohibits Poisonous Industrial Solvent in Toothpaste. " *New York Times*, July 12, 2007.

Bogdanich, Walt, and Jane Hooker. "From China to Panama, a Trail of Poisoned Medicine. " *New York Times*, May 6, 2007.

Booz & Company. "The Next Management Crisis in China: Developing and Retaining Highly Skilled Young Managers. " 2007.

Bradsher, Keith. "Amid Tension, China Blocks Vital Exports to Japan. " *New York Times*, September 23, 2010.

————. "China Drawing High-Tech Research from U. S. " *New York Times*, March 17, 2010.

————. "China Imposes a Steep Tariff on U. S. Poultry. " *New York Times*, September 26, 2010.

————. "China Leading Global Race to Make Clean Energy. " *New York Times*, January 30, 2010.

————. "China's Route Forward. " *New York Times*, January 22, 2009.

————. "On Clean Energy, China Skirts Rules. " *New York Times*, September 9, 2010.

————. "Foreign Companies Chafe at China's Restrictions. " *New York Times*, May 16, 2010.

Brady, Martin Neil. Presentation. Brookings CEO conference, November 13, 2009.

Bremner, Brian, Dexter Roberts, and Frederick Balfour. "Headed for a Crisis?" *Businessweek*, May 3, 2004.

Cai Hong. "China Calls for Green-Technology Transfer. " *China Daily*, April 29, 2009.

Carstensen, Jeanne. "On Stage and Afterward, Spotlight on

Apple in China. " *New York Times*, February 26, 2011.

Casey, Michael. "Expanding Deserts Hurt Farmers in China. " *Washington Post*, June 19, 2007.

Centers for Disease Control and Prevention. "Hepatitis E. " In *Travelers' Health Yellow Book*, 2010.

Central Intelligence Agency. *World Factbook*. 2010.

Chen Jia. "Country's Wealth Divide Past Warning Level. " *China Daily*, May 12, 2010.

Chen, Weitseng. "WTO: Time's up for Chinese Banks— China's Banking Reform and Non-Performing Loan Disposal. " *Chicago Journal of International Law* (Summer 2006).

Cheng, Hefa, Yunan Hu, and Jianfu Zhao. "Meeting China's Water Shortage Crisis: Current Practices and Challenges. " *Environmental Science and Technology* 43, no. 2 (2009).

"China to Build Industrial System of Low Carbon Emissions. " Xinhua, March 5, 2010.

"China to Extend Anti-Corruption Fight to Non-Public Entities. " *People's Daily Online*, February 22, 2010.

"China's Farmers-Turned-Workers Reach 230 Million. " *People's Daily*, March 24, 2010.

"China to Have Longer Highway than U. S. in 3 Years. " Xinhua, March 7, 2010.

"China Internet Population Hits 384 Million. " Reuters, January 15, 2010.

"China Overtaking Japan in R&D Spending. " *China Daily*, December 5, 2006.

"China Spending Too Little to Stem Farm Drain. " Reuters, April 9, 2008.

China Statistics Press. 2009 *China Statistical Yearbook*.

"Chinese Tycoon Huang Guangyu Jailed for Bribery." BBC, May 18, 2010.

de Filippo, Giuseppe, and Christopher Ip. "Can China Compete in Global IT Outsourcing?" McKinsey on IT, Spring 2005.

Deibert, Ron, and Rafal Rohozinski. "Shadows in the Cloud: Investigating Cyber Espionage 2.0." Joint report. Information Warfare Monitor and Shadowserver Foundation, April 6, 2010.

Deng, John. "Adding Value through Innovation." Presentation. George Mason University, October 17, 2006.

Dickson, Bruce. *Red Capitalists in China: The Party, Private Entrepreneurs, and Prospects for Political Change*. Cambridge University Press, 2003.

"Dolby Laboratories Opens Research Center in China." Associated Press, June 22, 2010.

Economy, Elizabeth C. "The Great Leap Backward?" *Foreign Affairs* (September/October 2007).

Economy, Elizabeth, and Kenneth Lieberthal. "Scorched Earth: Will Environmental Risks in China Overwhelm Its Opportunities?" *Harvard Business Review* (June 2007).

Ellis, Linden. "Desertification and Environmental Health Trends." Woodrow Wilson International Center for Scholars, April 2007.

Fan, C. Cindy, and Mingjie Sun. "Regional Inequality in China, 1978—2006." *Eurasian Geography and Economics* 49, no. 1 (2008).

Farrell, Diana, and Andrew J. Grant. "China's Looming Talent Shortage." *McKinsey Quarterly* (November 2005).

Farrell, Diana, Susan Lund, and Fabrice Morin. "How Financial System Reform Could Benefit China. " *McKinsey Quarterly* (June 2006).

Farrell, Diana, and others. "Putting China's Capital to Work: The Value of Financial System Reform. " McKinsey Global Institute, May 2006.

Fiducia Analysis. "China's Steel Market: Latest Trends and Implications. " 2008.

Friedman, Thomas. "Who's Sleeping Now?" *New York Times*, January 9, 2010.

Friedmann, S. Julio, and Orville Schell. "Obama, Hu Have Clean Energy Opportunity. " *San Francisco Chronicle*, January 16, 2011.

"Full Text of Hu Jintao's Report at the 17th Party Congress. " Xinhua, October 24, 2007.

Gallagher, Mary. *Contagious Capitalism: Globalization and the Politics of Labor in China.* Princeton University Press, 2005.

Gan, Jie, Yan Guo, and Chenggang Xu. "What Makes Privatization Work? The Case of China. " Paper. HKU conference, September 2008.

"GM Aims at China's Exploding Middle Class. " *Omaha World-Herald*, June 21, 2010.

Gorman, Siobhan, August Cole, and Yochi Dreazen. "Computer Spies Breach Fighter-Jet Project. " *Wall Street Journal*, April 21, 2009.

Griffiths, Dan. "China's 'Cancer Villages' Pay Price. " BBC, January 17, 2007.

Guan, Dabo, and Klaus Hubacek. "A New and Integrated Hydro-Economic Accounting and Analytical Framework for Water Resources: A Case Study for North China. " *Journal of Environ-*

mental Management 88, no. 4 (2008).

Harney, Alexandra. *The China Price: The True Cost of Chinese Competitive Advantage.* Penguin, 2008.

Hewitt Associates. *Best Employers in China* 2007.

Hexter, Jimmy, and Jonathan Woetzel. *Operation China: From Strategy to Execution.* Harvard Business Press, 2007.

Hogg, Chris. "China Struggles to Recover from 'Worst Ever' Oil Spill." BBC, July 30, 2010.

Horn, John, Vivien Singer, and Jonathan Woetzel. "A Truer Picture of China's Export Machine: China's Growth Depends Less on Exports than Conventional Wisdom Suggests." *McKinsey Quarterly* (September 2010).

Hosaka, Tomoko A. "China Surpasses Japan as World's No. 2 Economy." *Washington Post*, August 16, 2010.

Howard, Ann, and others. *Employee Retention in China 2006—2007: The Flight of Human Talent.* Development Dimensions International and the Society for Human Resource Management, 2007.

Hu Jintao. "Building a China-U. S. Cooperative Partnership Based on Mutual Respect and Mutual Benefit." Speech. Washington, January 20, 2011.

"Hu Urges Balanced, Sustainable Development." Xinhua, March 5, 2010.

"Huawei: More than a Local Hero." *Businessweek*, October 11, 2004.

Huawei Technologies. "Mutual Benefit, Harmonious Development." December 2, 2008.

Human Rights Watch. "Letter to General Electric Company Regarding Corporate Responsibility in Relation to Beijing Games."

September 19, 2007.

————. "Race to the Bottom: Corporate Complicity in Chinese Internet Censorship." August 9, 2006.

Hussain, Athar. "Repairing China's Social Safety Net." *Current History* 104, no. 683 (September 2005).

International Energy Agency. "Executive Summary." In *World Energy Outlook* 2007: *China & India Insights*.

Jakobson, Linda, and Dean Knox. "New Foreign Policy Actors in China." Policy Paper 26. Stockholm International Peace Research Institute, 2010.

Jiang Yong. "Time to Make a Leap up the Value Chain." *China Daily*, September 25, 2007.

Jin Jiaman (China's global environmental institute). "Situation and Trends of China's Rural Energy Consumption." June 29, 2010.

Kahn, Joseph. "Chinese Court Upholds Conviction of Peasants'Advocate." *New York Times*, January 13, 2007.

Kahn, Joseph, and Jim Yardley. "As China Roars, Pollution Reaches Deadly Extremes." *New York Times*, August 26, 2007.

Kennedy, Scott, Richard P. Suttmeier, and Jun Su. "Standards, Stakeholders, and Innovation: China's Evolving Role in the Global Knowledge Economy." National Bureau of Asian Research, 2008.

Kharas, Homi, and Javier Santiso. "The Emerging Middle Class in Developing Countries." Working paper. OECD Development Center, 2010.

Knowlton, Brian. "Pepper Spray Used on Seattle Throng: WTO Delays Talks as Police Rout Protesters." *New York Times*,

December 1, 1999.

Kohut, Andrew, and Richard Wike. "Assessing Globalization: Benefits and Drawbacks of Trade and Integration." *Harvard International Review Online*, June 24, 2008.

Kornblum, William. *Sociology in a Changing World*. Wadsworth Publishing, 2004.

Krauss, Clifford. "Commodity Prices Tumble." *New York Times*, October 13, 2008.

Kristof, Nicholas. "Where Breathing Is Deadly." *New York Times*, May 25, 2008.

Krugman, Paul. "The Finite World." *New York Times*, December 26, 2010.

Lague, David. "Storms Expose Fragility of China's Rail Networks." *New York Times*, January 31, 2008.

Lannes, Bruno, and Larry Zhu. "The Race for 'Small' Town China." *Far Eastern Economic Review*, January 14, 2009.

Levenson, Joseph R. *Confucian China and Its Modern Fate: A Trilogy*. University of California Press, 1968.

Li, Cheng. "China's Communist Party-State: The Structure and Dynamics of Power." In *Politics in China: An Introduction*, edited by William Joseph. Oxford University Press, 2010.

————, ed. *China's Emerging Middle Class: Beyond Economic Transformation*. Brookings, 2010.

————. "China's Midterm Jockeying: Gearing up for 2012." Part 4, "Top Leaders of Major State-Owned Enterprises." *China Leadership Monitor* 34 (2011).

————. "Intra-Party Democracy in China: Should We Take It Seriously?" *China Leadership Monitor* 30 (2009).

————. "Surplus Rural Laborers and Internal Migration in

China: Current Status and Future Prospects. " *Asian Survey* 36, no. 11 (1996).

Liang Jun. "Why Can't China Climb up the Value Chain?" *People's Daily*, August 5, 2010.

Lieberthal, Kenneth. "China's Governing System and Its Impact on Environmental Policy Implementation. " *China Environmental Series*. Woodrow Wilson Center, 1997.

————. "Domestic Forces and Sino-U. S. Relations. " In *Living with China: U. S. -China Relations in the Twenty-First Century*, edited by Ezra Vogel. Norton, 1997.

————. *Governing China: From Revolution through Reform.* 2nd rev. ed. Norton, 2004.

————. "How Domestic Forces Shape the PRC's Grand Strategy and Domestic Impact. " In *Strategic Asia* 2007-08, edited by Ashley Tellis and Michael Wills. National Bureau of Asian Research, 2007.

————. "Is China Catching up with the US?" *Ethos*, no. 8 (2010).

————. "The U. S. -China Relationship Goes Global. " *Current History* (September 2009).

Mackinnon, Rebecca. "Blogs and China Correspondence: Lessons about Global Information Flows. " *Chinese Journal of Communication* 1, no. 2 (2008).

————. "Flatter World and Thicker Walls? Blogs, Censorship, and Civic Discourse in China. " *Public Choice* 134, no. 1 (2008).

MacLeod, Calum. "New Ad Campaign Touts 'Made in China'; Scandals Spark Need to Fix Image. " *USA Today*, January 8, 2010.

Mattis, Peter. "The Strategic Vulnerability of China's Reliance on Coal." Jamestown Foundation. *China Brief* 6, no. 8 (2006).

McDonald, Joe. "US Group Says Worried about China Protectionism." *Businessweek*, April 26, 2010.

McGregor, James. "China's Drive for 'Indigenous Innovation': A Web of Industrial Policies." Report. APCO Worldwide, the Global Intellectual Property Center, and the Global Regulatory Cooperation Project of the U. S. Chamber of Commerce, 2010.

McGregor, Richard. "China's Auto Industry Moves into Top Gear." *Financial Times*, January 21, 2003.

————. *The Party: The Secret World of China's Communist Leaders*. HarperCollins, 2010.

Min Shao and others. "City Clusters in China: Air and Surface Water Pollution." *Frontiers in Ecology and Environment* 4, no. 7 (2006).

"Minor Explosions: Unrest in China's Cities." *The Economist*, April 27, 2010.

Montalbano, Elizabeth. "China Cracks Down on Software Piracy." *Information Week*, December 1, 2010.

Morrison, Wayne M. "China-U. S. Trade Issues." Report for Congress. Congressional Research Service, June 3, 2009.

Mufson, Steven. "As Economy Booms, China Faces Major Water Shortage." *Washington Post*, March 16, 2010.

Mulvenon, James. "Censors and Hackers: The Role of the Internet in U. S. -China Relations." Presentation. Brookings, April 19, 2010.

"Musical Chairs: China's Telecoms Reshuffle Shows Investors Who Is Boss." *Financial Times*, November 3, 2004.

National Defense Authorization Act for Fiscal Year 2000.

Office of the United States Trade Representative. "2010 Special 301 Report."

"One Country, Many Markets: Targeting the Chinese Consumer with Mc-Kinsey Cluster Map." 2009.

Ong, Lynette. "The Communist Party and Financial Institutions: Institutional Design of China's Post-Reform Rural Credit Cooperatives." *Pacific Affairs* (Summer 2009).

Ong, Ryan. "Tackling Intellectual Property Infringement in China." *China Business Review* 36, no. 2 (2009).

Oster, Shai, and Gordon Fairclough. "Beijing Taxis Are Rigged for Eavesdropping." *Wall Street Journal*, August 6, 2008.

Owyang, Sharon. *Frommer's Shanghai*. John Wiley and Sons, 2006.

Pan, Haixiao, Mingming Hou, and Zhao Liu. "Shanghai Taxi." Department of Urban Planning, Tongji University, 2007.

Pan, Philip. *Out of Mao's Shadow: The Struggle for the Soul of a New China.* Simon and Schuster, 2008.

Pearson, Margaret. *China's New Business Elite: The Political Consequences of Economic Reform.* University of California Press, 1997.

Pei, Minxin. "Corruption Threatens China's Future." Policy brief. Carnegie Endowment for International Peace, 2007.

Pleven, Liam. "Flexing Muscle: China's Influence on Global Commodities Markets." *Wall Street Journal*, March 24, 2010.

Qi Tang. "Relationship Mapping." *China Business Review* 30, no. 4 (2003).

Rabinovitch, Simon, and Melanie Lee. "China Sees 26 Percent of Local Debt at Serious Risk." Reuters, October 14, 2010.

Reddy, James T., and Chuin-Wei Yap. "Rio Sets Changes

in China Business." *Wall Street Journal*, August 21, 2010.

Rennack, Dianne E. "China: Economic Sanctions." Report to Congress. Congressional Research Service, February 2006.

Roberts, Dexter. "China Faces a Water Crisis." *Businessweek*, April 15, 2009.

————. "China Prepares for Urban Revolution." *Businessweek*, November 13, 2008.

Ross, Robert S. "China's Naval Nationalism: Sources, Prospects, and the U. S. Response." *International Security* 34, no. 2 (2009).

Schmidle, Nicholas. "Inside the Knockoff-Tennis-Shoe Factory." *New York Times Magazine*, August 22, 2010.

"Science, Technology Key to China's Economic Development." Xinhua, December 28, 2009.

Scott, Robert E. "Unfair China Trade Costs Local Jobs: 2. 4 Million Jobs Lost, Thousands Displaced in Every U. S. Congressional District." Briefing paper. Economic Policy Institute, March 23, 2010.

"Senior Leader Stresses Combating Corruption." *China Daily*, April 3, 2010.

Shambaugh, David. *China's Communist Party: Atrophy and Adaptation*. University of California Press, 2008.

Shaw, Victor N. *Social Control in China: A Study of Chinese Work Units*. Greenwood Publishing Group, 1996.

Shirk, Susan. *China: Fragile Superpower*. Oxford University Press, 2007.

Simon, Dennis Fred, and Cong Cao. "Creating an Innovative Talent Pool." *China Business Review* 36, no. 6 (2009).

Sinclair, James A. "Reaching China's Next 600 Cities."

China Business Review 37, no. 6 （2010）.

Smith, Graeme. "Political Machinations in a Rural County." *China Journal* 62 （July 2009）.

Spencer, Richard. "China Wrung Dry of Water for Thirsty Olympics." *Telegraph* （UK）, February 2, 2008.

————. "Honda Gets into Gear with Plans to Export Cars from China." *Telegraph* （UK）, May 17, 2005.

Steinfeld, Edward. *Playing Our Game: Why China's Rise Doesn't Threaten the West*. Oxford University Press, 2010.

Stolberg, Sheryl Gay, and Mark Landler. "Obama Pushes Hu on Rights but Stresses Ties to China." *New York Times*, January 19, 2011.

Sullivan, Patricia. "Another Pet Food Ingredient Is Contaminated by Chemical." *Washington Post*, April 20, 2007.

Suttmeier, Richard P., Xiangkui Yao, and Alex Zixiang Tan. "Standards of Power? Technology, Institutions, and Politics in the Development of China's National Standards Strategy." Special report. National Bureau of Asian Research, 2006.

"Tainted Toothpaste More Widespread." CNNMoney. com, June 28, 2007.

Tang Xiangyang, Wang Hao, and Rose Scobie. "State Council Rules Regarding Foreign Investment." *Economic Observer*, April 15, 2010.

Tasker, Sarah Jane. "China Backstops Commodities Pricing." *Australian*, June 29, 2010.

"Taxi Cameras Cause Public Unease in East China Province." Xinhua, September 20, 2010.

Tian Lipu （Commissioner of the State Intellectual Property Office）. "IPR Strategy Key to Nation's Sustainable Growth." *China*

Daily, June 15, 2009.

"Tips for Attracting and Retaining Talent." *China Business Review* 33, no. 2 (2006).

"Trading Barbs with China." *Wall Street Journal*, February 10, 2010.

Tsui, Kai-yuen, and Youqiang Wang. "Between Separate Stoves and Single Menu: Fiscal Decentralization in China." *China Quarterly* 177 (2004).

U. S. -China Business Council. "New Developments in China's Domestic Innovation and Procurement Policies." January 2010.

U. S. -China Economic and Security Review Commission. "Report to Congress." November 2009.

U. S. Department of Commerce. "China Agrees to Significant Intellectual Property Rights Enforcement Initiatives, Market Opening, and Revisions to Its Indigenous Innovation Policies That Will Help Boost U. S. Exports at the 21st Session of the Joint Commission on Commerce and Trade." Press release, December 15, 2010.

U. S. Department of Defense. "Military and Security Developments Involving the People's Republic of China: 2010." In *Annual Report to Congress*, 2010.

U. S. Department of Energy. "China Energy Data, Statistics, and Analysis." 2010.

U. S. Department of the Treasury. "Remarks by Secretary Paulson on Managing Complexity and Establishing New Habits of Cooperation in U. S. -China Economic Relations at the 2007 George Bush China-U. S. Relations Conference." Press release, October 23, 2007.

"U. S. Starts Legal Action against China at WTO over Subsidies." *New York Times*, February 2, 2007.

Vidal, John, and David Adam. "China Overtakes U. S. as World's Biggest CO$_2$ Emitter." *Guardian*, June 19, 2007.

"Vimicro's Fresh Perspective." *China Daily*, March 6, 2006.

Waggoner, John. "Emerging Markets Have Commodity Prices on Upswing." *USA Today*, January 13, 2011.

Wan Zhihong. "Crude Oil Imports Jump 33%." *China Daily*, February 11, 2010.

Wang Qian. "Government Offices to Purge Pirated Software." *China Daily*, January 7, 2011.

Wang Weilan. "Making Sense of 'Mass Incidents.'" *Global Times*, May 30, 2009.

Wang, Xiaolu. "Rethinking Thirty Years of Reform in China: Implications for Economic Performance." In *China's Dilemma: Economic Growth, the Environment, and Climate Change*, edited by Ligang Song and Wing Thye Woo. Brookings, 2008.

Wank, David. *Commodifying Capitalism: Business, Trust and Politics in a Chinese City*. Cambridge University Press, 1999.

"Washington Is Seeking Support to Handle Protests at 2 Meetings." *New York Times*, August 18, 2009.

"Western Corporations Move Key Offices to China." *People's Daily* Online, December 15, 2009.

White House. "U. S.-China Joint Statement." January 19, 2011.

Whiting, Susan. *Power and Wealth in Rural China*. Cambridge University Press, 2001.

Williamson, Peter. *Winning in Asia: Strategies for Competing in the New Millennium*. Harvard Business Press, 2004.

Wines, Michael. "China to Begin Crackdown on Pirated Software in 2011." *New York Times*, January 7, 2011.

———. "China Seeks to Spend Its Way to Stability. " *New York Times*, July 8, 2010.

Wiseman, Paul, and Calum MacLeod. "Consumerism Hasn't Caught on Yet in China; Unlike in America, Saving Is a Way of Life. " *USA Today*, March 19, 2009.

Womack, Brantly. "Democracy and the Governing Party: A Theoretical Perspective. " *Journal of Chinese Political Science* 10, no. 1 (2005).

Wong, Edward. "China Unveils Strategy for ' Stability' in Tibet. " *New York Times*, January 24, 2010.

———. "Plan to Curb Cantonese on TV Spurs Protest in China. " *New York Times*, July 27, 2010.

World Bank. "Cost of Pollution in China: Economic Estimates of Physical Damages. " February 2007.

———. *Doing Business in China* 2008.

Wu Jiao. "Pollution Threatens Taihu Lake. " *China Daily*, November 11, 2005.

Yardley, Jim. "Under China's Booming North, the Future Is Drying Up. " *New York Times*, September 28, 2007.

Yuan, Helen, Feiwen Rong, and Diao Ying. "China's Environmental Accidents Double on Growth Toll. " *Businessweek*, July 28, 2010.

Zeng, Ming, and Peter Williamson. *Dragons at Your Door*. Harvard Business School Press, 2007.

Zetter, Kim. "Google Hackers Targeted Source Code of More than 30 Companies. " *Wired*, January 13, 2010.

Zhao Yidi and Kevin Hamlin. "China Shuns Paulson's Free Market Push as Meltdown Burns U. S. " *Bloomberg News*, September 23, 2008.

Zhongguo chengshi fazhan baogao, 2002—2003 [China's urban development report, 2002—2003]. Shangwu yinshuguan, 2004.

Zissis, Carin, and Jayshree Bajoria. "China's Environmental Crisis." Council on Foreign Relations, 2008.

Zoellick, Robert B. "Whither China: From Membership to Responsibility?" Remarks. National Committee on U. S. -China Relations, September 21, 2005.

出 版 后 记

改革开放三十多年来，中国经济持续快速发展。特别是
2008 年国际金融危机以来，中国成功应对危机，经济规模持续
扩大，一跃成为仅次于美国的全球第二大经济体。快速增长的
经济及广阔而充满活力的市场，吸引了无数外国企业来华投
资。对外国投资者来说，中国既充满了无限商机，又是一个富
有神秘色彩的国度。本书为那些在中国经商或者计划到中国投
资的外国公司高级管理人员而写。它是李侃如博士多年研究中
国的结晶。

作者李侃如博士是美国著名中国问题专家，现任美国布鲁
金斯学会资深研究员。早在 1965 年，李侃如博士开始研究中
国，师从美国哥伦比亚大学、著名中国问题专家鲍大可
（A. Doak Barnett）教授，后任美国密歇根大学政治学和商学院
教授、威廉·戴维斯研究所中国项目主任。1998 年至 2000 年，
他曾担任美国总统国家安全事务特别助理、美国国家安全委员
会亚洲事务部资深主任。

在本书中，作者考察了当今中国的经济社会发展及其所面
临的诸多挑战，并为外国公司如何在中国获得商业成功提出了
政策建议。对中国读者来说，一方面，本书展现出李侃如博士
对当代中国的观察与思考，他的分析如同一面镜子，使我们能
够了解外界如何看今日中国。他所指出的中国社会所面临的一

些问题，令人深思。另一方面，本书对外国来华企业在华经营中需要注意的问题，以及如何理解中国的政治制度及政策制定、如何制定有效战略以获得企业成功等问题的分析和建议，对中国的跨国企业也有一定的参考价值。

本书主要章节由清华大学的魏星博士翻译，中文版前言由赵天一先生翻译，周晟茹女士翻译了书中所有图表，并校对了全书主要章节，中国社会科学院美国研究所的赵梅研究员统校全书。

限于学识，书中难免存在不妥或错译之处，望读者不吝指正。

本书的出版得到中国社会科学出版社的大力支持，特此致谢！